Angelika Walser/Mouhanad Khorchide

Bibel trifft Koran

Angelika Walser
Mouhanad Khorchide

Bibel *trifft* Koran

Eine Gegenüberstellung zu Fragen des Lebens

Herausgegeben von den
Salzburger Nachrichten
Redaktion Josef Bruckmoser

Tyrolia-Verlag · Innsbruck-Wien

Inhalt

Vorwort

Bibel und Koran – größer könnten die Gegensätze nicht sein. Christentum und Islam – da geht viel mehr gegeneinander als miteinander. Das ist der erste Eindruck, wenn es um die beiden Religionen geht, die mit dem Judentum ein gemeinsames Schicksal teilen: Sie gründen auf einem Buch, einer „heiligen Schrift". Beinahe 2000 Jahre haben Christinnen und Christen ihre Bibel wortwörtlich verstanden. Evangelikale Gruppierungen halten bis heute daran fest, dass Gott die Welt in sechs Tagen erschaffen habe. Ebenso sind viele Musliminnen und Muslime überzeugt, dass der Engel Gabriel dem Propheten Muhammad die Verse des Korans Satz für Satz diktiert habe. Wort von Allah, nur im arabischen Original gültig.

Was sagen Bibel und Koran wirklich zu zentralen Fragen des Lebens und des Glaubens? Und was ist davon heute – noch – gültig? Wie kann, darf oder soll eine Bibelstelle, ein Koranvers heute ausgelegt werden?

Die katholisch-theologische Ethikerin Angelika Walser, Salzburg, und der muslimische Theologe Mouhanad Khorchide, Münster, ringen in diesem Buch um eine zeitgemäße und verständliche Auslegung von Bibel und Koran. Sie tun das immer im Blick auf die jeweils andere Religion und in dem Bemühen, neben dem Trennenden und Gegensätzlichen das Verbindende und Gemeinsame zu sehen. Angelika Walser legt in Zusammenarbeit mit der Bibelwissenschafterin Marlies Gielen eine Auslegung der Bibel vor, die wissenschaftlich verlässlich Antworten auf die Fragen von heute gibt. Mouhanad Khorchide gehört zu jenen führenden

Islam-Experten, die genau unterscheiden zwischen dem, was im Koran historisch bedingt und daher nicht mehr wortwörtlich gültig ist, und was der Koran den Menschen des 21. Jahrhunderts zu sagen hat.

Dieses Buch, das auf eine Reihe von Kolumnen in den „Salzburger Nachrichten“ zurückgreift, wirft einen völlig neuen Blick auf die beiden „heiligen Bücher“, auf ihre Bedeutung und ihre Auslegung. „Bibel trifft Koran“ ist eine einzigartige Zusammenschau, die es bisher in dieser Form nicht gegeben hat. Im Zentrum steht ein Verständnis von Bibel und Koran, das einem menschenwürdigen Leben und Glauben auf der Höhe der Zeit dient.

Josef Bruckmoser

Gott und Welt

Schöpfung

> Dann sprach Gott: Lasst uns Menschen machen als unser Bild, uns ähnlich! Sie sollen walten über die Fische des Meeres, über die Vögel des Himmels, über das Vieh, über die ganze Erde und über alle Kriechtiere, die auf der Erde kriechen. Gott erschuf den Menschen als sein Bild; als Bild Gottes erschuf er ihn. Männlich und weiblich erschuf er sie.
>
> **Bibel, Gen 1,26.27**

Der Anfang der Welt und des Lebens ist zu Beginn der Bibel zwei Mal nacheinander und auf ganz unterschiedliche Weise überliefert: in Gen 1 und 2. Beide Kapitel enthalten weder naturwissenschaftliche noch historische Fakten. Sie erzählen vielmehr von einer mythischen Urzeit, also von Grundgegebenheiten des Menschen und der Welt in ihrer Beziehung zu ihrem Schöpfer. Gen 1,26–28 entstammt der im 6. Jahrhundert v. Chr. im babylonischen Exil verfassten „Priesterschrift". Diese ist eine Quellenschrift des Alten Testaments, die ihre Namensgebung ihrem Interesse an der Erhaltung des rechten Kults verdankt. Ihre Verfasser setzen den Götterkämpfen des babylonischen Schöpfungsmythos ihre Idee eines einzigen Schöpfergottes entgegen: Der Mensch wird als Teil seiner Schöpfung vorgestellt, wobei ihm eine Sonderstellung zukommt. Im Gegensatz zu den Göttern der altorientalischen Welt, die in Kultstatuen verehrt wurden, ist laut dem hebräischen Urtext der Mensch „Statue Gottes", was in der griechischen Übersetzung mit „Bild Gottes" wiedergegeben wird. In Ägypten und Assyrien wurde außerdem der Pharao oder der König als Repräsentant Gottes auf Erden verehrt. Er sollte die göttliche Weltordnung beschützen und verteidigen.

Die Priesterschrift wendet die Metapher „Statue Gottes" nun auf alle Menschen an – eine einzigartige Demokratisierung und Aufwertung, deren Konsequenzen noch in Ethik und Recht des 21. Jahrhunderts wirksam sind. Jeder Mensch, von der Bettlerin auf Salzburgs Straßen über den Flüchtling bis zum Transsexuellen, ist kraft seines Geschaffenseins „Statue Gottes" und damit seine Repräsentantin, sein Repräsentant. Allein die Tatsache, dass Frauen entgegen Vers 27 und auf Basis einer neutestamentlichen Stelle (1 Kor 11,7) bis ins 20. Jahrhundert hinein nur eine „abgeleitete Gottebenbildlichkeit" vom Mann zugestanden wurde, zeigt, wie sehr Bibelverse die herkömmliche Geschlechterordnung durcheinanderbringen können.

Um die vertraute Unterordnung der Frau zu wahren, beriefen sich die Kirchenväter lieber auf den zweiten, historisch gesehen älteren Schöpfungsbericht, in dem Gott zunächst einen „Erdling" formt ('ădāmāh heißt Erde), ihm den Lebensatem einhaucht und aus einer seiner Rippen „die Frau" erschafft. Diese Aussage wird in der heutigen theologischen Ethik unter Berufung auf Gen 2,23 im Sinne der Verwandtschaft und Gemeinsamkeit zwischen den Geschlechtern interpretiert – und eben nicht im Sinne von Nachrangigkeit und Unterordnung der Frau. Dass das paradiesische Geschlechterverhältnis zwischen Adam und Eva leider nicht von Dauer ist, davon erzählt Gen 3, der „Fall des Menschen".

In Gen 1 ist von all dem nicht die Rede. Nachdem der Schöpfergott in Vers 28 alles Lebendige unter seinen Segen gestellt hat, erteilt er seinen „Bildern" den Auftrag, sich die Erde „untertan" zu machen, wie es die Lutherbibel übersetzt hat. Dies ist fälschlicherweise immer wieder als Freibrief für Ausbeutung missverstanden und dem jüdisch-christlichen Erbe als Ursache für die ökologische Krise angelastet worden. Tatsächlich steht im hebräischen Text die Anweisung an die königlichen Menschen: „Setzt euren Fuß auf sie!" Dies ist ein durchaus ambivalentes Bild, das jedoch von gesundem Realismus zeugt: Menschen haben de facto die Macht, die Schöpfung zu zerstören. Doch wird ihnen die Verantwortung anvertraut, das Lebenshaus Gottes mit allen Geschöpfen zu bewahren, um es dem Schöpfer irgendwann heil wieder zurückgeben zu können.

> Und wahrlich, wir erschufen den Menschen aus einer Substanz aus Lehm. Alsdann setzten wir ihn als Samentropfen an eine sichere Ruhestätte. Dann bildeten wir den Tropfen zu einem Blutklumpen; (…) dann bildeten wir aus dem Fleischklumpen Knochen; dann bekleideten wir den Menschen mit Fleisch; dann entwickelten wir es zu einer anderen Schöpfung.
>
> **Koran, Sure 23:12–14**

Diese Verse stammen aus der mekkanischen Phase, in der der Koran immer wieder die Allmacht Gottes als Schöpfer des Menschen betonte. Daher werden die Entstehungsphasen des Embryos ausführlich beschrieben. Die traditionelle Exegese hat sich dabei auf unterschiedliche Aspekte konzentriert. Im Mittelpunkt stand die Frage nach der endgültigen Menschwerdung des Embryos. Einen Anhaltspunkt sahen die Exegeten in Sure 23, Vers 14: „… dann entwickelten wir es zu einer anderen Schöpfung." Dies wurde als Übergang zum Menschen interpretiert, dem nun in einem letzten Schritt Gottes Geist eingehaucht wird. Erst durch dieses Einhauchen, das an anderer Stelle im Koran erwähnt wird, soll der Mensch endgültig zum Menschen geworden sein. Einige Gelehrte meinten, dies geschehe 40 Tage nach der Befruchtung, andere sprechen von 120 Tagen. Beide Parteien berufen sich zudem auf unterschiedliche Aussagen des Propheten Muhammad, deren Authentizität jedoch umstritten ist.

Im 20. Jahrhundert etablierte sich die „wissenschaftliche Exegese“. Diese versucht in einer gewissen Apologetik zu zeigen, dass im Koran naturwissenschaftliche Phänomene beschrieben werden, die erst die moderne Wissenschaft bestätigen konnte. Darin sehen einige ein Beglaubigungswunder für den Koran, denn wenn dieser Detailerkenntnisse beinhalte, zu denen die Menschen im 7. Jahrhundert keinen Zugang haben konnten, dann müsse dieses Buch einen göttlichen Ursprung haben. Allerdings brachte diese Art der Exegese manche Exegeten in Verlegenheit, da sie ihre Auslegungen den Entwicklungen der Naturwissenschaften immer wieder anpassen mussten. Nicht selten kamen sie dadurch zu widersprüchlichen Aussagen, die sie aus dem Koran abgeleitet haben wollen. Man denke an lange Diskussionen darüber, ob die Erde rund oder flach sei. Was nun die in den oben zitierten Versen dargestellten Entwicklungsphasen des Embryos betrifft, so zeigt eine historisch-kritische Betrachtung, dass diese im 7. Jahrhundert keineswegs etwas Neues waren. Vielmehr wurden sie bereits von dem griechischen Arzt Galen im 2. Jahrhundert in ähnlicher Abfolge beschrieben. Der Koran baut hier also auf dem Vorwissen der Gemeinde auf, um die Schöpferkraft Gottes zu betonen. Hatte die wissenschaftliche Exegese im 20. Jahrhundert ihre Blütezeit, wird sie heute stark kritisiert, weil ihre Erkenntnisse sehr vage und zum großen Teil apologetischer Natur sind.

Viele heutige Exegeten sehen in solchen koranischen Versen, die Naturphänomene ansprechen, eine Einladung, sich wissenschaftlich mit diesen Phänomenen auseinanderzusetzen. Es liegt nicht in der Absicht des Korans, wissenschaftliche oder historische Erkenntnisse zu liefern, sondern die Menschen anzuhalten, sich wissenschaftlich damit zu beschäftigen. Gerade wenn es um die Schöpfung geht, soll durch solche Verse gezeigt werden, dass Gott nicht zaubert, sondern die Schöpfung durch Naturgesetze und Gesetzmäßigkeiten hervorbringt, die er in die Welt gesetzt hat. Viele moderne Exegeten sehen eine konstruktive Brücke darin, die Rede von der Schöpfung mit den wissenschaftlichen Erkenntnissen zu vereinbaren. Daher gibt es heute eine Reihe von Gelehrten, die auch von der Evolution als von Gott gewolltem Weg der Entstehung der Schöpfung sprechen. Sufische Exegeten sehen in solchen Versen darüber hinaus einen metaphorischen Verweis auf den Ursprung des Menschen aus einfachen Substanzen (Lehm, Samentropfen), um ihn zu Demut und Bescheidenheit aufzurufen und ihn stets zu „erden".

Himmel

Ihr Männer von Galiläa, was steht ihr da und schaut zum Himmel empor? Dieser Jesus, der von euch fort in den Himmel aufgenommen wurde, wird ebenso wiederkommen, wie ihr ihn habt zum Himmel hingehen sehen.

Bibel, Apg 1,11

Das griechische Wort „ouranos“ (οὐρανός), der Himmel, kommt im Neuen Testament 274-mal vor, vor allem in der Verbindung mit Jesu Botschaft vom „Königreich Gottes“, das häufig auch als „Reich der Himmel“ bezeichnet wird. Wenn Jesu Jünger in der Apostelgeschichte, die ca. 90 n. Chr. entstanden ist und von der ersten Etappe der Geschichte der Kirche im Römischen Reich erzählt, „zum Himmel empor schauen“, wird das antike orientalische Weltbild vorausgesetzt: Meer, Erde und Himmel bilden miteinander das Weltgebäude. Über der flachen Erdscheibe, die vom Ozean umspült ist, wölbt sich das Firmament gleich einer Schale oder Hohlkugel. Darüber befindet sich der himmlische Ozean (Gen 1,8). Vom Himmel herunter kommt daher das Wasser, die indoeuropäische Wortwurzel von „ouranos“ bedeutet vermutlich „Befeuchter“ oder „Befruchter“. Andererseits hat „Himmel“ in allen alten Kulturen immer auch eine metaphysische Bedeutung im Sinne von: das, was über den Menschen Macht hat, sprich: die Götter.

Vieles im heutigen christlich-himmlischen Personeninventar stammt aus der Welt des Alten Testaments: Der „König, der auf den Wolken reitet“, ist ein Gottesbild, das Israel vom Baalskult der kanaanäischen Religion übernommen hat (Dtn 33,26). Der himmlische Hofstaat des ugaritischen Göttervaters El ist noch heute im Chor der Engel präsent. Einst umfasste er viele Götter, die über den Menschen Gericht hielten (Ps 82). Als sich langsam der Monotheismus durchsetzte, wurden diese jedoch zu JHWHS Dienern degradiert, genau wie die Gestirne am Himmel im Laufe der Geschichte entmythologisiert wurden: von himmlisch-göttlichen Kräften zu den von Gott geschaffenen „Lampen", mit deren Hilfe man den Kalender berechnen kann (Gen 1,14).

„Im Himmel", das heißt bei Gott, wohnt auch die hoheitsvolle Gestalt des Menschensohns, dem Gott die endzeitliche Herrschaft über die Erde anvertraut (Dan 7,13 ff.). Im Neuen Testament wird diese Gestalt mit Jesus Christus identifiziert, der als Sohn Gottes „vom Himmel herabgestiegen ist" und wieder in die göttliche Lichtwelt hinaufsteigt. Dort bereitet er im Haus seines Vaters eine Wohnung für all jene vor, die an ihn glauben (Joh 14,2). Die rabbinische Tradition bezeichnet diese paradiesische Nähe zu Gott als den „siebten Himmel".

Gott lässt sich allerdings nicht lokal auf einem Berg, im Tempel, im Himmel festhalten, sondern übersteigt alle Vorstellungen von Raum und Zeit (eindrucksvoll Ps 139). Das alttestamentliche Buch Jesaja liefert gar eine „Orts"-Angabe der völlig anderen Art: Der Heilige, „der in der Höhe wohnt", richtet das Herz der Zerschlagenen wieder auf und lässt den Geist der Niedrigen aufleben (Jes 57,15). Die theologische Aussage ist klar: Himmlisch-göttliche Verhältnisse werden genau dort hergestellt, wo den Armen Liebe und Gerechtigkeit widerfahren. Wenn Jesus sich solchen Menschen zuwendet, handelt er eindeutig in himmlischer = göttlicher Mission.

Von dieser Einsicht bis zu den ersten ökumenischen Konzilien mit ihrem Glaubensbekenntnis zu Jesus Christus als dem wahren Menschen und wahren Gott (endgültig Chalcedon 451 n. Chr.) dauert es noch Jahrhunderte, doch liegt hier eine der biblischen Wurzeln. Wenn der Mensch Jesus in den Himmel auffährt, heißt das, er gehört eindeutig auch auf die Seite Gottes. Für christliche

Spiritualität ist das bis heute bedeutsam: Himmlische Aufwärtsbewegung ist undenkbar ohne Einsatz auf dem Boden irdischer Tatsachen.

> Siehe, für die Gottesfürchtigen gibt es [im Paradies] Gewinn: Obstgärten und Weinstöcke, und gleichaltrige Frauen mit schwellenden Brüsten, und Becher, bis zum Rand gefüllt. Weder Geschwätz noch Lüge hören sie dort, als Lohn von deinem Herrn, als Gabe, als Entgelt vom Herrn der Himmel und der Erde und dessen, was dazwischen ist, vom Erbarmer.
>
> **Koran, Sure 78:31–37**

Der zitierte Vers stammt aus der frühmekkanischen Phase zu Beginn der Verkündigung Muhammads. Die üppigen Beschreibungen des Paradieses sind kennzeichnend für diese erste Phase, da sie mit dem Lebensstil und den Erwartungen der Adressaten Muhammads in dieser Periode korrespondieren. Der Koran verwendet dabei für die Bezeichnung des Paradieses hauptsächlich das arabische Wort „Dschanna", das bereits in der vorislamischen Poesie für „Garten" verwendet wurde. Während allerdings die koranischen Schilderungen in der gesamten mekkanischen Periode (610–622) das Paradies als Ort sinnlicher Genüsse erscheinen lassen, nimmt in der medinensischen Periode (622–632) die geistige Dimension zu, welche die Gottesnähe anspricht.

Innerhalb der klassischen Exegese trifft man auf ein wortwörtliches Verständnis. Entsprechend fasst sie das Paradies im materiellen Sinne als Raum der physischen Vergnügungen auf. Die Diskussion innerhalb der systematischen Theologie darüber, ob die Wiederauferstehung am Jüngsten Tag eine physische (den Körper betreffend) oder rein geistige (die Seele betreffend) sei, wurde in der Exegese weniger reflektiert. In der islamischen Mystik finden wir hingegen Auslegungen des Paradieses, die darin eine rein metaphorische Rede sehen. Denn es gehe nicht um sinnliche Genüsse, sondern um eine bildhafte Beschreibung vom Zustand der Glückseligkeit in Gottes Nähe. Die Mystikerin Rābi'a al-'Adawiyya (gest. 801) brachte dies in ihrer berühmten Aussage auf den Punkt: „Ich würde so gerne das Höllenfeuer löschen und das Paradies mit Feuer anzünden, damit die Menschen nicht aus Angst vor der Hölle bzw. Hoffnung auf das Paradies handeln." Vielmehr sollen die Menschen aus Liebe und im Nachvollzug der göttlichen Liebe ethisch korrekt handeln. Auch der Gelehrte Al-Gazali (gest. 1111) sieht die endgültige Glückseligkeit in der Nähe zu Gott, das Gelangen in seine Gegenwart sei der wahre paradiesische Zustand. Alle koranischen Bilder vom Paradies liest er als metaphorische Rede für diesen Zustand der Gottesnähe.

Diese Auslegung Al-Gazalis würden heute nur wenige Exegeten teilen. Das Paradies wird weiterhin vorwiegend als materieller Raum der sinnlichen Genüsse verstanden. Einige religiöse Erzieher setzen die Rede vom Paradies gar als Motivation für mehr Religiosität ein. Dabei ist hoch problematisch, dass dadurch das Gute nicht um des Guten willen angestrebt wird, sondern wegen der erwarteten Belohnung. Die Gott-Mensch-Beziehung wird auf reine Nützlichkeit reduziert, man betet Gott an, um zu den materiellen Vergnügungen im Paradies zu gelangen. Daher sieht Al-Gazali in dieser Form der Beziehung zu Gott den Monotheismus bedroht, weil es weniger um Gott und die Liebe zu ihm an sich geht, sondern um den Nutzen aus der Beziehung des Menschen zu Gott.

Extremistische Gruppierungen setzen heute die Rede vom Paradies verstärkt dazu ein, um vor allem junge Menschen zu rekrutieren. Dabei ist die Rede von den vielen paradiesischen Jungfrauen für junge Männer eine wichtige Motivation. Im Gegensatz dazu ist die mystische Lesart der koranischen Bilder vom Paradies wichtig, um sich in einem anderen Horizont als dem der sinnlichen Genüsse zu bewegen. Das Paradies als Zustand der Nähe zu Gott zu lesen – auch hier und jetzt auf der Erde, indem man im Alltag als „Hand Gottes", als Hand der Liebe und Barmherzigkeit handelt –, verleiht der Rede vom Paradies eine zugleich spirituelle und soziale Dimension. Diese kann dem Gläubigen zu seiner inneren Vervollkommnung verhelfen.

Hölle

> Dann wird er zu denen auf der Linken sagen: „Geht weg von mir, ihr Verfluchten, in das ewige Feuer, das für den Teufel und seine Engel bestimmt ist!"
>
> **Bibel, Mt 25,41**

Mit Feuer spielt der zitierte Vers auf ein im Süden Jerusalems gelegenes Tal an, das für Kinderopfer verwendet wurde. In den außerbiblischen Schriften der jüdischen Apokalyptik ab dem 2. Jahrhundert v. Chr. wird dieses Tal als endzeitlicher Strafort benannt: die „gehenna" (= Feuerhölle, aram.). Dabei schwingen viele andere Vorstellungen der antiken Welt mit: Die griechische Übersetzung des Alten Testaments, die Septuaginta, spricht häufiger vom „abyssos" (ἄβυσσος), von Abgrund oder Tiefe, bzw. vom „hades" (ᾅδης) als Übersetzung des hebräischen Begriffs „scheol". Die „scheol" ist das Land der Finsternis und der Schatten, in dem gottverlassene Existenzen wohnen, fernab jeder Beziehung zu ihrem Schöpfer (Ijob 10,21 f; Ps 6,6). Wann immer Krankheit, Krieg und Tod drohen, drängt die „scheol" gierig in den Kreis der Lebenden und schnappt nach ihnen mit geöffnetem Schlund (Spr 1,12; Ijob 24,19; Jes 15,14).

Erst in der jüdischen Apokalyptik und durch die iranisch-hellenistisch beeinflusste Lehre von der Unsterblichkeit der Seele kommt langsam die Vorstellung auf, dass es einen Ort geben muss, an dem eine Richterfigur (Gott oder der Menschensohn) die Gerechten belohnt und die Ungerechten bestraft. Was einst der Aufenthaltsort aller Toten war, die „scheol", entwickelt sich in den religiösen Gruppierungen der Pharisäer und Essener zur Hoffnung auf die Wiederherstellung von Gerechtigkeit – eine Hoffnung, die möglicherweise nicht zuletzt auch der Erfahrung der Ohnmacht in Zeiten der römischen Fremdherrschaft geschuldet war.

Jesus teilt diese Vorstellungen und unterstreicht mit dem Verweis auf ein ewiges Feuer oder auf die „Finsternis da draußen, wo Heulen und Zähneknirschen herrscht“ (Mt 8,12), den Ernst seiner Forderung nach einem barmherzigen und gerechten Umgang gerade mit den bedürftigsten Mitmenschen. Wer ungerührt bleibt von ihrer Not, wird im endzeitlichen Gericht genauso bestraft werden wie alle lebensfeindlichen Mächte und Gewalten. Unverantwortliches Handeln rächt sich irgendwann und ein gerechter Gott steht auf Seiten der Opfer. Damit ist keiner Drohbotschaft das Wort geredet, wie sie die schwarze Pädagogik der Kirche jahrhundertelang prägte. Korrigiert wird aber die süßlich-kitschige Vorstellung vom „lieben Jesus, der uns doch immer alle lieb hat, egal was wir tun“. An ihre Stelle tritt der Ernst einer freien Entscheidung, die Konsequenzen nach sich zieht.

Literaten haben das immer verstanden: Von Dantes „Göttlicher Komödie“ über Jean-Paul Sartres „Geschlossener Gesellschaft“ und Friedrich Dürrenmatts „Der Meteor“ bis hinein in moderne Jugendliteratur (Louis Sachar: „Löcher“) schildern sie Hölle als die totale Isolation des beziehungslos gewordenen Egozentrikers. Die Hölle auf Erden bereitet sich der Mensch schon selbst, er braucht keinen Gott dazu. Das gilt individuell-persönlich, aber auch im Hinblick auf Gesellschaft und Umwelt. Die Hölle ist die letzte Konsequenz einer zu Ende gedachten menschlichen Freiheit.

Bleibt sie am Ende der Tage aber nicht doch leer, wie der Theologe Hans Urs von Balthasar es im Hinblick auf die Botschaft von der Erlösung durch Jesus Christus vorgeschlagen hat? Was die Massenmörder dieser Welt erwartet, weiß kein Mensch, und die Hoffnung auf erlösende Liebe stirbt zuletzt. Doch erinnert die Rede von Hölle und Gericht auch noch im 21. Jahrhundert an den Ernst der Lage: Es ist nicht gleichgültig, wie Menschen handeln. Diese Einsicht bleibt eine Grunderfahrung menschlicher Existenz und unverzichtbarer biblisch-ethischer Grundimpuls eines Christentums, das die Hoffnung auf Gerechtigkeit für die Opfer der Geschichte nicht aufgibt.

> Wehe jedem Stichler, Lästerer, der Reichtum sammelte und zählte! Er denkt, sein Reichtum mache ihn unsterblich. O nein! Hinabgestoßen wird er in den Trümmergrund. Und was lässt dich wissen, was das ist: „der Trümmergrund"? Das Feuer Gottes, angezündet, das tief in die Herzen dringt. Siehe, es umschließt sie ganz und gar, in einer hohen Feuersäule.
>
> **Koran, Sure 104:1–9**

Die Sure 104 ist eine der ersten Suren, die in Mekka verkündet wurden. Für diese Phase ist es typisch, dass der Koran die Menschen für eine eschatologische Dimension sensibilisieren möchte, um bewusst zu machen, dass jeder Mensch sich für seine Taten rechtfertigen muss. Das Höllenszenario stellt den jenseitigen Bestrafungsaspekt mit entsprechend bedrohlichen Bildern und Worten dar. Der konkrete Vers richtet sich sehr wahrscheinlich an einen der Gegner Muhammads, einen reichen Mekkaner, der aktiv gegen Muhammad und seine Anhänger vorgegangen sein soll.

Die meisten klassischen Exegeten haben die koranischen Beschreibungen der Hölle als brennendes Feuer, in dem Menschen bestraft werden, wortwörtlich verstanden und sprechen von einem materiellen Ort mit materiellen Strafen. Dabei stellt sich bis heute die Frage, wer eigentlich in die Hölle kommt. Die klassischen Gelehrten unterscheiden zwischen einer ewigen Hölle und dem Fegefeuer. Demnach kommen Nichtmuslime in die ewige Hölle (auch wenn sie nur Gutes in dieser Welt getan haben). In das Fegefeuer kommen Muslime, die viel gesündigt haben. Diese Strafe soll sie von der Sünde läutern, damit sie dann ins Paradies kommen.

Hier stehen wir vor zwei Problemen: Erstens droht die Angst vor dem Höllenfeuer zum Hauptmotiv des Glaubens und des aufrichtigen Handelns zu werden. Aber was hat Gott davon, wenn an ihn nur aus Angst vor einer Strafe und nicht aus einer inneren überzeugten Haltung heraus geglaubt wird? Das zweite Dilemma liegt in dem Gottesbild, das sich aus diesem Verständnis der Hölle ableitet: Wie lassen sich die Barmherzigkeit Gottes und auch seine Gerechtigkeit damit vereinbaren, dass er Menschen in der Hölle verewigen wird, und zwar nicht als Strafe für ein falsches Verhalten, sondern nur, weil sie keine Muslime sind? Sie tragen das falsche Label. Handelt es sich hier nicht um das Bild eines gewalttätigen Gottes? Dies veranlasste einige klassische Gelehrte wie Ibn Taimiya (gest. 1328) und seinen Schüler Ibn Qayyim al-Dschauziyya (gest. 1350) dazu, von der Vergänglichkeit der Hölle zu sprechen. Diese Position hat sich aber bis heute nicht durchgesetzt.

Heute werden immer mehr Stimmen laut, welche die Rede von der Hölle als eine Metapher verstehen, und zwar für einen geistigen Zustand der Gottesferne – nicht im Sinne des Nichtglaubens an Gott, sondern im Sinne des Nichtglaubens an das, was Gott ist: Liebe und Barmherzigkeit. Gott geht es nicht um Labels wie Muslim oder Christ, gläubig oder nichtgläubig und schon gar nicht um sich selbst, sondern um die Haltung und das Handeln des Menschen im Hier und Jetzt.

Ich verstehe die Rede von der Hölle im Koran als Beschreibung eines Transformationsprozesses, der das Ziel hat, dem Menschen zu seiner Vervollkommnung zu helfen. Die Hölle ist demnach kein bloßer Ort, an dem Gott Rache an dem Menschen nimmt, vielmehr ist sie ein Ort des Leidens, der symbolisch für das Leid und die Qualen steht, die der ungerechte Mensch im Laufe dieses Transformationsprozesses erlebt. Dabei begegnet er einerseits der unendlichen Barmherzigkeit und Liebe Gottes. Dies versetzt ihn in Scham und Demut, weil ihm bewusst wird, dass er in seinem Leben durch sein ungerechtes Handeln Nein zu dieser Liebe und Barmherzigkeit gesagt hat. Andererseits wird er mit seiner eigenen Wahrheit konfrontiert, mit seinem wahren „Ich", mit seinen Verfehlungen, Schwächen und dunklen Seiten usw.

Soll die Aufdeckung der Sünden und das Urteil über sie zur Vergebung führen, so setzt dies voraus, dass die Menschen ihre Verfehlungen einsehen. Das verursacht schmerz- und leidvolle Trauer über das Versagen, sich in dieser oder jener Situation seines Lebens Gott nicht zugewandt und seine Liebe nicht angenommen zu haben. Das Ziel dieses Transformationsprozesses ist also, dass der Mensch von der Herrschaft der Sünde befreit und auf diese Weise vervollkommnet wird, damit er in die Gegenwart Gottes eintreten kann.

Gott

Ich bin der HERR und sonst niemand; außer mir gibt es keinen Gott.

Bibel, Jes 45,5

Gottes Zeit scheint abgelaufen. Postmoderne Religiosität und Spiritualität kommen ohne ihn aus. Innerhalb der Kirchen ist zwar noch die Rede von ihm, doch erstickt Gott dort langsam, aber sicher in starren Formeln. Alleine die Mystiker und Mystikerinnen jenseits und diesseits der Theologie riskieren es, von der Erfahrung des Wesens zu sprechen, das sie im Gebet anrufen und „das weder ein Etwas noch ein Jemand ist" (Hans-Joachim Höhn). Für sie ist Gott „Fließendes Licht" (Mechthild von Magdeburg), „Power-in-relationship" (Carter Heyward), „Das, was uns unbedingt angeht" (Paul Tillich), „Die absolute Zukunft der Welt" (Karl Rahner). Sie alle berufen sich auf die Bibel, in der Gottes Dasein von der ersten bis zur letzten Seite als ganz selbstverständlich angenommen wird. Nicht die Frage seiner Existenz oder Nichtexistenz steht im Mittelpunkt, sondern die Frage seiner Wirkmächtigkeit.

Was den Gottesnamen angeht, so beginnt alles mit Mose: Er und seine Gruppe bringen die Verehrung des Gottes JHWH aus Ägypten mit und machen die Israeliten mit ihm bekannt. Vermutlich hatte Mose diesen Gott bei den Nomadenstämmen der arabischen Wüste, den Midianitern und Kenitern, kennengelernt. Moses historische Existenz liegt zwar im Dunkeln, doch ist zumindest der Name des Gottes, der sich ihm im Dornbusch offenbarte, um 840 v. Chr. erstmals außerbiblisch auf der sogenannten Mesha-Stele des Königs Moab bezeugt. JHWH leitet sich von einer nordwestsemitischen Verbform ab und bedeutet wörtlich so viel wie: „Ich werde sein, der ich sein/als der ich mich erweisen werde." Neben

JHWH existierten in Israel zunächst allerdings viele weitere Gottheiten, die mit lokalen Altären und Heiligtümern verbunden waren. Über Jahrhunderte hinweg entwickelte sich aus der Alleinverehrung JHWHS (Monolatrie) unter dem Einfluss der sogenannten deuteronomistischen Bewegung und der Propheten nach dem Ende Israels (722 v. Chr.) und dem Ende Judas (587 v. Chr.) der Monotheismus. Der bildlose Gott (Ex 20,4), der sein Volk Israel erwählt hat, beansprucht, der eine und einzige Gott zu sein: „Ich bin der HERR und sonst niemand; außer mir gibt es keinen Gott." (Jes 45,5)

Weder das Alte noch das Neue Testament entfalten eine systematische Gotteslehre, weshalb die christlicherseits immer noch beliebte Rede vom „liebenden Gott des Neuen Testaments" im Kontrast zum „strengen Gott des Alten Testaments" von vornherein falsch ist. Die Bibel berichtet einfach von den vielfältigen Erfahrungen von Menschen mit Gott: Gott als Schöpfer macht auf den ersten Seiten der Bibel den Unterschied zwischen Sein und Nichts, und so verkündet auch der Apostel Paulus Gott als neuschaffende Macht, welche „die Toten lebendig macht und das, was nicht ist, ins Dasein ruft" (Röm 2,14) bzw. am Ende der Welt als Richter ihren Schlusspunkt setzt. Gott befreit sein Volk aus der ägyptischen Gefangenschaft, und so verkündet auch Jesus die Königsherrschaft Gottes als Befreiung von der Sorge um sich selbst (Mt 6,25 ff.), als Anbruch von Gerechtigkeit und Versöhnung. Eher selten, nämlich nur im Johannesevangelium und im Hebräerbrief, spricht das Neue Testament explizit von Jesus als Gott. Anknüpfend an die biblischen Zeugnisse fassen die späteren Konzilien, allen voran das Konzil von Nicäa (325 n. Chr.), die Vielfalt der biblischen Gotteserfahrungen in das trinitarische Gottesbekenntnis zusammen: *Ein* Gott in drei Personen: Gott-Vater, Gott-Sohn, Gott-Heilige Geistkraft. Power-in-relationship!

Oder sind sie von nichts erschaffen? Oder sind sie selber die Schöpfer? Oder haben sie die Himmel und die Erde selbst erschaffen? Aber nein! Sie sind noch immer nicht überzeugt. Oder verfügen sie über die Schätze deines Herrn? Oder sind sie die Allmächtigen? Oder haben sie einen anderen Gott als Gott? Gepriesen sei Gott. Er ist erhaben über das, was sie beigesellen.

Koran, Sure 52:35–43

Diese Verse stammen aus der frühmekkanischen Phase zu Beginn der Verkündigung Muhammads. Adressaten dieser rhetorischen Fragen waren diejenigen Mekkaner, die nicht an die Existenz eines Schöpfergottes geglaubt haben. Dabei argumentiert der Koran, dass die Existenz der Menschen und die des Universums (Himmel und Erde) einen Ursprung außerhalb ihrer selbst haben müssen. Diese Argumentation erinnert an den antiken und mittelalterlichen kosmologischen Gottesbeweis. Dieser geht davon aus, dass das Universum seine eigene Existenz nicht begründen kann und deshalb auf einen transzendenten Grund verweist. Zu den Adressaten Muhammads, die andere Götter angebetet haben, sagte er an einer anderen Stelle herausfordernd: „Gott hat die Himmel ganz ohne Stützen erschaffen, die ihr sehen könntet, auf die Erde fest gegründete Berge gesetzt, dass sie mit euch nicht wanke, und verteilte auf ihr Tiere aller Art. Wir senden Wasser vom Himmel hinab und lassen auf ihr Pflanzen jeglicher edlen Art wachsen. Das ist Gottes Schöpfung. So zeigt mir, was eure Götter erschaffen haben!" (Koran 31:10–11)

Solche Argumente lassen sich allerdings nur selten im Koran vorfinden. Denn unter den Adressaten Muhammads lassen sich kaum Atheisten finden, dafür aber viele Polytheisten, die zwar an einen Schöpfergott geglaubt haben, aber nicht an einen personalen Gott, der sich auf die Menschen einlässt, ihre Gebete erhört, ihnen beisteht, sich von ihnen Kummer bereiten lässt und ihnen gegenüber Emotionen zeigt. Der Koran reagiert darauf und stellt Gott als einen personalen Gott vor. Daher finden wir zahlreiche koranische Aussagen, die die Nähe Gottes und sein Involviertsein in der Geschichte unterstreichen. Zum Beispiel Koran 2:186: „Wenn sie dich (Muhammad) nach mir fragen, so bin ich nahe. Ich erhöre den Ruf des Rufenden, wenn er zu mir ruft." Oder Koran 50:16: „Gott ist auch dem Menschen näher als seine Halsschlagader." Solche Verse, die die Allmacht Gottes, aber auch seine Nähe betonen, wurden in der klassischen Exegese oft im Sinne des kontrollierenden Eingreifens Gottes in die Welt verstanden. Der Mensch solle sich in jeder Sekunde und in jeder Lebenssituation von Gott beobachtet fühlen und entsprechend aus Gottesfurcht handeln. So gewann über die Jahre das Bild eines restriktiven Gottes, der Menschen mit Mitteln der Drohung zu sich einlädt, die Oberhand – auf Kosten des Bildes eines liebenden und barmherzigen Gottes, obwohl gerade die Eigenschaft Gottes als der Barmherzige wie keine andere im Koran betont wird.

Heute interpretiert die islamische Freiheitstheologie Gottes Allmacht nicht als alles beherrschende und kontrollierende Supermacht, die aus den Menschen Marionetten machen will. Die Allmacht Gottes besteht gerade in ihrer Entschiedenheit, Wesen zu erschaffen, die selber mächtig sind und aus dieser ihnen gewährten Macht heraus in ein Freiheitsverhältnis zu Gott eintreten können. Nichts Größeres und Mächtigeres lässt sich denken, als die Fähigkeit, ein Gegenüber zu völliger Eigenständigkeit zu ermächtigen. Dieser Machtbegriff ist ein dialogischer, der das Wirken Gottes in der Welt ausschließlich mit Mitteln der Liebe begründet sieht.

Die Allmacht Gottes will die Freiheit des Menschen nicht beeinträchtigen, sondern umgekehrt diese Freiheit zur Entfaltung bringen. Sie will Freiheit zulassen, weswegen sich Gott nicht bevormundend, sondern zur Freiheit einladend offenbart, was zugleich die Offenheit des Korans als Selbstoffenbarung Gottes begründet. Dies alles soll unterstreichen, dass Muslime es mit einem liebenden und barmherzigen Gott zu tun haben, der sich ihnen bedingungslos zugesagt hat. Es geht nicht mehr darum, die Existenz Gottes zu beweisen, sondern Liebe und Barmherzigkeit zu bezeugen. Denn sowohl der Koran wie die Bibel beschreiben Gott als die Manifestation der Liebe und Barmherzigkeit. Wer an diese glaubt, sie in diesem Sinne in seinem gelebten Leben bezeugt, ist eine Hand der Liebe Gottes. Darum geht es im Koran.

Göttin

Sie entfaltet ihre Kraft von einem Ende zum andern und durchwaltet voll Güte das All.

Bibel, Weish 8,1

Wie eine Gebärende will ich nun schreien, ich stöhne und ringe um Luft.

Bibel, Jes 42,14

„Grüß Göttin" plakatierte 2009 die Interventionskünstlerin Ursula Beiler an der Autobahnauffahrt Kufstein Nord, und Tirol stand kopf. Die einen lachten, die anderen bekreuzigten sich. Es folgten etliche Klarstellungen des Landesbischofs, wonach Gott selbstverständlich weder Mann noch Frau sei, sondern Geist (Joh 4,24) und jenseits jeglicher Zuordnung von Geschlechtlichkeit. Tatsächlich ist dies jedoch zumindest in der Theologie und der traditionellen Liturgie der meisten christlichen Kirchen kaum erkennbar. Dort wird eindeutig zum „Herrn der Heerscharen", zum „Vater" und „König" gebetet und mehr oder weniger gleichgültig in Kauf genommen, dass seit Jahrzehnten unendlich viele Frauen auch deswegen dem Christentum den Rücken kehren. Ob das Gendersternchen in der Gotteskrise Rettung bringt?

„Gott bin ich und nicht Mann", heißt es jedenfalls im alttestamentlichen Buch Hosea 11,9. Und wer das Buch Jesaja aufmerksam liest, der entdeckt den „Ich-bin-da"-JHWH als eine gebärende Frau (Jes 42,14), die aus ihrem Mutterschoß (hebr. rächäm) kraftvoll neues Leben zur Welt bringt und genau darin ihr Erbarmen (hebr. rachamim) beweist. Viele weitere Metaphern aus dem Bereich von Schwangerschaft und Geburt bezeugen ihre Schöpferkraft und in Jes 66,9 tritt JHWH als Hebamme in Aktion.

Die göttliche Mutter kann ihre Tochter Zion, Israel, ebenso wenig vergessen wie eine Mutter ihr Neugeborenes (Jes 49,15), ja in Jes 46,3 spricht sie zumindest in der lateinischen Übersetzung von ihrem göttlichen Schoß und ihrer Vulva, in der sie ihre Kinder getragen hat. Sie schützt ihre Stadt Jerusalem wie eine Vogelmutter (Jes 31,5). Ihre mütterliche Fürsorge für ihr Volk geht so weit, dass sie sogar Könige zum Stillen ihrer Kinder bringt und damit zu Ammen transformiert (Jes 60,16). Zärtlich trägt Gottmutter ihr Volk im Arm, schaukelt es auf den Knien und tröstet es „wie seine Mutter jemand tröstet" (Jes 66,13). Das Weibliche repräsentiert das Heilige bei Jesaja ebenso gut wie das Männliche, Geschlechterstereotype werden heilsam korrigiert und transzendiert.

Dass „Gott/Göttin" jedoch keineswegs in der Mutterrolle aufgeht, beweist ein Blick in das Buch der Weisheit, entstanden vermutlich in Alexandria, dem ägyptisch-jüdisch-griechischen Schmelztiegel der Kulturen. Hier tritt die Sophia, die personifizierte Weisheit, auf den Plan. Sie ist als Geliebte und Gefährtin Gottes so vertraut mit ihm, dass sie die Weisen in seine Geheimnisse einführt und als ihre Beraterin fungiert (Weish 7,15–21). Der Hymnus der Sophia in Weish 7,22–8,1 enthält viele Anspielungen auf stoische Philosophie und schildert sie als dynamisch-aktiven Ausfluss des göttlichen Seins und als „Werkmeisterin aller Dinge". Zweifellos ist diese „Lehrerin der Gerechtigkeit" und „Befreierin aus der Sklaverei Ägyptens" (Weish 10,18) eine jüdische Antwort auf altorientalische und ägyptische Göttinnenkulte, insbesondere auf Isis, die im gesamten Mittelmeerraum als mächtige Allretterin verehrt wurde.

Bis heute integriert die Sophia weiblich-göttliche Symbolik in den jüdisch-christlichen Glauben. Alle großen Mystikerinnen und Mystiker, beispielsweise Hildegard von Bingen, haben unbefangen aus diesem reichen Schatz von biblischer Weisheit geschöpft: „Die Weise und Gerechte" wird transparent auf „die/den ganz Andere/n“ hin. Wie in einem großen Wirbel verschwimmen sämtliche Bilder – und verschwinden ins unbegreiflich-unfassbar Göttliche.

Ruft Allah an in Ehrfurcht und in Hoffnung! Siehe, die Barmherzigkeit Allahs (arab. „Rahma“), er ist den Rechtschaffenden nah.

Koran, Sure 7:56

Er hat euch aus euch selbst Paare geschaffen und auch aus den Tieren Paare. Dadurch hat er euch vermehrt. Ihm selbst ist jedoch Nichts gleich.

Koran, Sure 42:11

In Sure 7, Vers 56 verwendet der Koran ein Personalsuffix im Maskulinum, um sich auf die Barmherzigkeit Gottes (arab. Rahma) zu beziehen, die eigentlich grammatikalisch im Femininum bezeichnet werden müsste. Da Gott aber im Arabischen oft als „er“ bezeichnet wird, spricht hier viel dafür, dass die (grammatisch feminine) Barmherzigkeit Gottes und „er“, also Gott, als austauschbar und damit weitgehend synonym verstanden werden. Denn der Koran verwendet in diesem Vers das arabische Wort für „nah“, ein Adjektiv im Maskulinum, das jedoch auf Rahma, die Barmherzigkeit Gottes, bezogen wird, obwohl diese im Arabischen feminin ist. Grammatikalisch korrekt müsste der Vers lauten: „Siehe, die Barmherzigkeit Allahs, sie ist den Rechtschaffenden nah.“ Gott ist also nicht nur barmherzig, er ist die Barmherzigkeit – die häufigste Beschreibung für Gott im Koran. Bedenkt man, dass das im Koran verwendete arabische Wort für Barmherzigkeit „Rahma“ sich von „Rahim“ (Mutterleib) ableitet, gewinnt die Bedeutung von Barmherzigkeit eine weibliche, aber auch eine physische und emotionale Konnotation mütterlicher Liebe.

Es ist bemerkenswert, dass der Mittelpunkt des Korans, die Barmherzigkeit, so prominent erst in der mittelmekkanischen Zeit vorkommt – ausgerechnet im Zusammenhang mit der Sure 19, die den Namen „Maria“ (Maryam) trägt und sich ausführlich mit Maria und Jesus auseinandersetzt. Die Barmherzigkeit Gottes ist das theologische Hauptthema dieser ganzen Sure. Die bekannte Koranforscherin Angelika Neuwirth weist zu Recht darauf hin, dass die Entdeckung der Barmherzigkeit als Gottesname ein besonderes Erbe Marias im Koran darstellt und dass diese Verknüpfung des Gottesnamens mit einer Frauengestalt angesichts der Verwandtschaft des Begriffs der Barmherzigkeit mit dem der Gebärmutter kein Zufall ist.

Trotz all dieser koranischen Befunde betont der Koran, dass Gott weder männlich noch weiblich zu denken ist: „Er hat euch aus euch selbst Paare geschaffen und auch aus den Tieren Paare. Dadurch hat er euch vermehrt. Ihm selbst ist jedoch Nichts gleich.“ (Koran 42:11) Hierin ist sich die traditionelle Exegese mit der modernen einig, beide sprechen weder von einem männlichen noch von einem weiblichen Gott, denn ihm ist nichts gleich. Die klassische Exegese ist jedoch viel stärker patriarchalisch geprägt als die moderne. Letztere sieht gerade in der Rede von Barmherzigkeit eine weibliche Seite des Korans: Gott hat sich keineswegs allein den Männern zugesagt, seine Zusage gilt den Menschen als solchen.

Gerade die Geschlechtsneutralität Gottes könnte heute so interpretiert werden, dass ein „Ja“ zu Gott ein „Ja“ zum Menschen als solchem bedeutet. Denn die Frage der Geschlechtsidentität spielt eine wichtige Rolle im Leben vieler Menschen. Darüber wird wenig geredet, weil die meisten von uns eine binäre Geschlechtsidentität (eine Person ist entweder männlich oder weiblich) als die einzig mögliche erachten. Es gibt jedoch Menschen, die sich im Spektrum der Transidentität definieren, also außerhalb einer zweigeteilten Geschlechterordnung.

Diese Vielfalt in der Schöpfung ist gottgewollt. Gott nimmt jeden Menschen bedingungslos an. Das heißt für uns, dass wir lernen müssen, unsere Mitmenschen so anzunehmen, wie sie sich wohlfühlen, ohne sie in vorgefertigte Schablonen hineinzuzwängen. Aber auch die Betroffenen müssen lernen, sich selbst anzunehmen und wertzuschätzen, denn sie sind Zeugen der von Gott gewollten Vielfalt seiner Schöpfung und Zeugen der Allmacht Gottes.

Verantwortung und Schicksal

Kismet

> Verkauft man nicht fünf Spatzen für zwei Pfennige? Und doch ist nicht einer von ihnen vor Gott vergessen. Bei euch aber sind sogar die Haare auf dem Kopf alle gezählt. Fürchtet euch nicht! Ihr seid mehr wert als viele Spatzen.
>
> **Bibel, Lk 12,6 f.**

Wer kennt es nicht, das „Raunen" des Fatums, des Schicksals, in den klassischen Werken der Antike? Ödipus und Aeneas, Odysseus und Kassandra – sie alle haben keine Chance gegen das Fatum, sind ihm ebenso unterworfen wie die Götter und Göttinnen selbst. Alles ist vorherbestimmt: Liebe und Tod, Triumph und Niederlage. In der Bibel dagegen findet sich diese Idee kaum oder gar nicht, dementsprechend kennt auch das „Theologische Begriffslexikon zum Neuen Testament" keinen Eintrag zu „Schicksal". Einige wenige und sehr spärlich belegte Begriffe können allerdings als Nachweis für die Idee einer göttlichen „Vorsehung" gedeutet werden: Das griechische Verb „progignōskō" (προγιγνώσκω = vorherwissen, vorher erkennen) besagt bei Paulus im Brief an die Gemeinde in Rom, dass Gott einen Plan für sein Volk hat: Im Voraus hat er die von ihm Berufenen bestimmt, Christus nachzufolgen (Röm 8,29); Israel bleibt sein im Voraus erwähltes Volk (Röm 11,2). Die von ihm Berufenen können sich umgekehrt laut 2 Petr 3,17 auf Gottes Vorsehung verlassen: Jesus Christus wird eines Tages zum Gericht wiederkommen.

Was im Hellenismus also unpersönliches Schicksal oder Fügung ist, wird im biblischen Sprachgebrauch personalisiert: Gott stiftet die Beziehung zu seinem Volk und leitet es durch die Zeit. Dementsprechend ist an einigen wenigen Stellen auch von der Vorsehung Gottes im Sinne von Fürsorge die Rede (griech.

„pronoeō“, προνοέω = voraussehen, vorsorgen): In Weish 6,7 trägt Gott Sorge für Klein und Groß und im eingangs genannten Zitat sorgt er sich sogar liebevoll um Spatzen und um Haare auf Menschenköpfen.

Für eine biblische Lehre von der Vorsehung reichen diese Stellen allerdings nicht aus. Es ist vielmehr die stoische Philosophie, welche eine nicht personal gedachte göttliche Vernunft annimmt, die die Welt ordnet und lenkt. In diesem gewaltigen Masterplan hat alles seinen Platz und Sinn. In der frühchristlichen Theologie und insbesondere im Naturrechtsdenken verschmelzen beide Welten miteinander: die Vorstellung einer göttlichen Vernunft, eines „logos“ (λόγος), welche auch die Gesetzmäßigkeiten in der Natur weise eingerichtet hat, obwohl sie manchmal der Einsicht des Einzelnen verborgen sind; und das biblische Glaubensbekenntnis zu Jesus Christus, der Schöpfungsmittler, Richter und Erlöser ist.

Heute steht das Ergebnis dieser Entwicklung nicht nur theologisch-ethisch vor manchem Problem, indem z. B. häufig die Begriffe „Natur“ und „Schöpfung“ gleichgesetzt werden oder der Wille Gottes fälschlich als Legitimation zur Begründung menschengemachter Normen strapaziert wird. Auch die pastorale Vermittlung fällt schwer. Allzu oft wird Gott auch heute noch in frommen Floskeln als „Superdaddy“ präsentiert, auf dessen angebliche Vorsehung sich alles und jedes zurückführen lässt: der Lawinenabgang, der Unfalltod eines jungen Motorradfahrers, der Terroranschlag eines Attentäters oder das Coronavirus.

Der Mensch kann auf so totale Festlegung durch einen offensichtlich völlig willkürlich agierenden Gott nur mit ohnmächtigem Fatalismus oder angesichts des Scherbenhaufens Welt nur mit der Verneinung der Existenz dieses Gottes reagieren. Statt solcher Schicksalsergebenheit bietet die Bibel eine alternative theologische Denkform an. Sie begreift den Menschen als echtes Gegenüber Gottes, als das Geschöpf, das Gott aus Liebe in die Freiheit entlassen hat. Zur Verantwortung begabt und deshalb auch fähig zur Schuld. Zur Hoffnung berechtigt, dass manches Undurchschaubare sich ganz am Ende vielleicht doch erschließen mag.

Wen Gott rechtleitet, der geht den richtigen Weg, und wen Gott in die Irre führt, der hat alles verloren.

Koran, Sure 7:178

Wer sich selbst rechtleitet, der tut es ganz zu seinen Gunsten. Wer aber irregeht, der zu seinem Schaden. Niemand, der Last trägt, trägt die eines anderen.

Koran, Sure 17:15

Eine der ersten Fragen, die von muslimischen Theologen kontrovers diskutiert wurde, war die nach der Freiheit des Menschen im Angesicht der Allmacht Gottes. Diese Debatte entflammte kurz nach dem Tod Muhammads (632), als die Umayyaden (Kalifat 661 bis 750) das Kalifat gewaltsam an sich gerissen hatten, und zwar mit der Berufung auf Gottes Schicksal.

Der Argumentationsstrang ging in etwa so: Gott ist allmächtig, daher geschieht nichts in der Welt, was Gott nicht will. Dass der Kalif die Herrschaft erfolgreich eingenommen hat, deutet darauf hin, dass dies dem Willen Gottes entspricht, sonst hätte Gott dies nicht zugelassen. Jegliche Opposition zum Herrscher ist daher auch Opposition zu Gott und somit eine Form der Häresie, die niedergeschlagen gehört. Und so fand langsam die Idee der Alleinwirksamkeit Gottes und die damit zusammenhängende Position des Determinismus Einzug in die islamische Theologie.

Berufen haben sich die Theologen, die diese Position vertraten, auf den Vers 178 von Sure 7, wonach es nur Gott obliegt, Menschen rechtzuleiten. Die politische Opposition hat diese Form der

Legitimation von Herrschaft mit dem Verweis auf Verse wie 17:15 abgelehnt. In diesem Vers wird die Freiheit und somit die Verantwortung des Menschen für sein Handeln unterstrichen. Es sei der Mensch, der sich selbst rechtleite, und nicht Gott. Wir stehen hier vor zwei Versen, die exemplarisch für zwei konträre Positionen im Koran sind. Wie ist dies zu erklären?

Koran 7:178, der von der Alleinwirksamkeit Gottes spricht, wurde in Mekka verkündet, und zwar in einem Kontext, in dem der Prophet gegen diejenigen argumentierte, die meinten, das gesamte Geschehen ihres Lebens selbst deuten und nachvollziehen zu können. Er forderte sie auf, eine Haltung der Demut einzunehmen, das eigene Leben auch ohne endgültige Erklärungen anzunehmen. Die Adressaten des zweiten, ebenfalls mekkanischen Verses (Koran 17:15) waren Menschen, die jegliche Verantwortung ihres Handelns auf Dritte abgewälzt hatten, um sich einer Rechenschaft dafür zu entziehen. Hier greift der Koran ein, um an die Eigenverantwortung für sein Leben zu erinnern.

Im Verlauf der islamischen Ideengeschichte bildeten sich zwei konkurrierende theologische Positionen. Die eine argumentierte mit der Souveränität Gottes, dessen Allmacht eine alles kontrollierende und somit determinierende Macht sei, in der kaum Raum für einen menschlichen freien Willen bleibt. Die andere konzentrierte sich auf diejenigen Verse, die von der Freiheit des Menschen ausgingen. Erstere Position hat sich viel stärker durchgesetzt, nicht zuletzt, weil sie vielen Herrschern, die nach einer göttlichen Legitimation suchten, entgegenkam. Die zweite war eher die, die von der politischen Opposition vertreten und daher oft unterdrückt wurde.

Im sunnitischen Islam zählt heute der Glaube an das Schicksal als eine Art Vorherbestimmung zu den Glaubensgrundsätzen der Religion. Moderne Interpretationen weisen jedoch diesen religiösen Determinismus zurück. Sie sprechen vielmehr vom Menschen als selbstbestimmtes Subjekt. Diese Freiheit des Menschen steht keineswegs in Konkurrenz zu göttlicher Freiheit, denn Gott ist es, der dem Menschen Freiheit geschenkt hat. Es entspricht daher dem Willen Gottes, dass der Mensch sich selbst bestimmt. Und damit der Mensch sein Leben planen und kultivieren kann, hat Gott die Welt so erschaffen, dass sie bestimmten Gesetzmäßigkeiten folgt, die der Mensch erforschen und nutzbar machen kann, und genau hier liegt die Bedeutung des Schicksals, keineswegs in Richtung Determination des Menschen.

Fasten

> Wenn ihr fastet, macht kein finsteres Gesicht wie die Heuchler. Sie geben sich ein trübseliges Aussehen, damit die Leute merken, dass sie fasten. (…) Sie haben ihren Lohn bereits erhalten. Du aber, wenn du fastest, salbe dein Haupt, und wasche dein Gesicht, damit die Leute nicht merken, dass du fastest, sondern nur dein Vater, der (…) das Verborgene sieht, wird es dir vergelten.
>
> **Bibel, Mt 6,16–18**

Germany's Topmodels tun es ständig. Der orthodoxe Heilige Symeon Stylites tat es jahrelang im Stehen auf einer Säule. Jesus dagegen tat es „nur" 40 Tage und 40 Nächte, um sich auf sein öffentliches Wirken vorzubereiten: Fasten war und ist Teil menschlicher Kultur, wenn auch aus unterschiedlichen Gründen. Im katholischen Christentum gibt es heute nur mehr zwei strenge Fasttage, den Aschermittwoch und den Karfreitag. An letzterem fasten auch viele evangelische Christen. Im orthodoxen Christentum wird dagegen länger gefastet, vielerorts auch fast durchgehend im Jahr jeden Mittwoch und jeden Freitag.

Der Sinn solcher Askese hat mit Heidi Klums Anleitung zur Anorexie rein gar nichts zu tun, wie die oben zitierte Stelle aus dem Matthäusevangelium deutlich macht: Der unbekannte Verfasser dieses Evangeliums ist ein christusgläubiger Jude, in dem die Tradition den von Jesus bekehrten Zöllner Matthäus gesehen hat. Er richtet nach dem verlorenen Krieg der Juden gegen Rom ca. 80–90 n. Chr. seine Schrift an mehrheitlich jüdisch geprägte Hausgemeinden in Syrien. Er stellt Jesu Worte über das richtige Fasten in den Zusammenhang von dessen berühmter Bergpredigt.

Damit erscheint das Fasten unter dem Vorzeichen einer Gerechtigkeit, die sich nicht etwa als eine Art spirituelles Casting versteht, sondern auf die Änderung der inneren Gesinnung abzielt. Der „Schriftgelehrte unter den vier Evangelisten“, wie der Verfasser des Matthäusevangeliums in der Exegese auch genannt wird, liefert hier einen Midrasch (eine jüdische Auslegung) zu einer Stelle im Alten Testament, in der es genau um diese Art des ungeheuchelten Betens und Fastens geht. Der Prophet Jesaja beschreibt das „wahre Fasten“ in Kapitel 58, Verse 3–8, als die Praxis sozialer Gerechtigkeit, die in den Augen Gottes einem demonstrativen „In-Sack-und-Asche-Gehen“ bei weitem vorzuziehen sei. Die Adressaten des Matthäus verstehen derartige Anspielungen, weil ihnen der eigentliche Sinn des Fastens als Judenchristen wohlbekannt ist. Immer geht es um die innere Vorbereitung einer Begegnung mit Gott, ganz individuell wie bei den Propheten (Mose im Buch Exodus, 34,28; Elija im Ersten Buch der Könige, 19,5–8) oder auch im Kollektiv und öffentlich sichtbar als Umkehr zu Gott (Joël 1,14). Immer sollen Fasten und Beten den Kopf und den Blick frei für den Mitmenschen und seine Bedürftigkeit machen.

Wenn der Verfasser des Matthäusevangeliums die sozialethische Botschaft dieses Midrasch betont – übrigens als einziger der vier Evangelisten –, möchte er sich vermutlich deutlich von jüdischen Konkurrenten absetzen, vor allem von den zu seiner Zeit politisch einflussreichen Pharisäern. Drei Kapitel später schreibt Matthäus ebenso wie Markus und Lukas, dass die Jünger Jesu zu seinen Lebzeiten aus Freude über seine Gegenwart überhaupt nicht gefastet hätten – sehr zum Befremden ihrer Zeitgenossen, die diesem seltsamen jüdischen Rabbi vorwarfen, ein „Fresser und Säufer“ zu sein (Mt 11,19). Matthäus kennt diese überlieferte Tradition des Fastenverzichts und die damaligen Vorwürfe gut.

Nach dem Karfreitag ist die Situation aber eine andere, da ist Fasten als Ausdruck von Trauer (wie in Ps 35,13) wieder angesagt.

Fasten gehörte also vermutlich nicht zur Frömmigkeitspraxis von Jesu Jüngern, sehr wohl aber zur Praxis der matthäischen Gemeinden. Hier ging es nur noch um das Wie des Fastens. Wie heute, wo Verzicht auf Handy, Alkohol o. Ä. Lebensgewinn für alle sein kann.

O ihr, die ihr glaubt! Das Fasten ist euch vorgeschrieben, so wie es denen vorgeschrieben war, die vor euch waren, damit ihr fromm werdet. An abgezählten Tagen. Doch wer von euch erkrankt oder auf Reisen ist, für den ist eine Anzahl anderer Tage möglich. Für jene, die es vermögen, ist die Armenspeisung ein Ersatz.

Koran, Sure 2:183-184

Mit den hier zitierten Versen aus Sure 2 des Korans wurde im zweiten Jahr nach der Auswanderung Muhammads nach Medina, also im Jahre 624, das Fastengebot im Ramadan verkündet. Seitdem gilt es neben dem Glaubensbekenntnis, dem Gebet, der sozialen Abgabe und der Pilgerfahrt als eine der fünf Säulen des Islams. Dabei spricht der Koran von einer Kontinuität des Fastengebots, ohne jedoch genau darauf einzugehen, wie dieses Gebot für frühere Religionen ausgesehen habe. Die traditionelle Exegese spricht davon, dass mit denen, „die vor euch waren", die Fastengebote für Juden und Christen gemeint seien. Heute wissen wir aus historischen Quellen allerdings, dass der Monat Ramadan für die Araber schon in der vorislamischen Zeit als heiliger Monat gegolten hat. Sie kannten ähnliche Praktiken des Fastens im Ramadan wie diese, die Muhammad verkündet hat.

Der orthodoxe Islam hat sich mit vielen Detailfragen rund um das Fasten auseinandergesetzt, wie diese: Wie lange darf man maximal den Mund mit Wasser spülen, damit kein Wasser in die Speiseröhre gelangt und das Fasten noch gültig bleibt? Was ist mit

Speiseresten zwischen den Zähnen? Darf man seine Frau während des Fastens küssen? Usw. Das ging so weit, dass sich schon im 11. Jahrhundert der bekannte Gelehrte Al-Gazali über die Aushöhlung des Fastengebots von seinem spirituellen und ethischen Gehalt beschwert hat. Er betonte, wie auch viele Gelehrte heute, dass es um die Frömmigkeit als Ziel des Fastens gehe, so wie es der obige Vers bestimme. Daher müsse das Herz als Ort der Spiritualität vom Fasten betroffen sein. Die körperliche Enthaltsamkeit soll dem Menschen die Möglichkeit eröffnen, sich mit seinem Inneren auseinanderzusetzen sowie über seine Beziehung zu Gott, zu dessen Schöpfung und zu sich selbst kritisch zu reflektieren.

Al-Gazali sieht daher das eigentliche Ziel des Fastens nicht in der Distanzierung von den körperlichen Bedürfnissen; dies sei lediglich der erste Schritt auf dem Weg zum eigentlichen Fasten: dem Fasten des Herzens. Dies geschehe, wenn das Herz an Gott gebunden sei, wenn es von göttlicher Liebe und Barmherzigkeit ergriffen und erfüllt sei. Das Herz ist dann frei von allen negativen Emotionen wie Hass, Neid, Gier, Hochmut usw., es erkennt das Gute in den Dingen und ist immer im Einsatz für das Gute. Die Distanz zu seinen körperlichen Bedürfnissen ist nur die erste Etappe des Fastens, um die Reise in die Tiefen seines „Ichs" anzutreten.

Wir erleben heute allerdings im Volksglauben vieler muslimischer Frauen und Männer einen starken Rückfall im Verständnis des Fastens in Richtung der Reduzierung auf körperliche Enthaltsamkeit. In den meisten islamischen Ländern wird heute die Fastenzeit vor allem als Anlass zum Feiern genutzt. Spezielle Speisen werden nur im Ramadan aufwändig zubereitet. Fernsehsender produzieren für den Ramadan Spezialprogramme. Dadurch geht die ursprüngliche Intention des Fastens, die Erlangung von Frömmigkeit, verloren. Das Fasten wird zu einem Warten auf den Sonnenuntergang, um schließlich die Feierlichkeiten zu begehen.

Nicht selten wird der Tag zur Nacht und die Nacht zum Tag gemacht. Und so wird oft am Tag geschlafen und die Nacht „durchgefeiert".

Der eigentliche Sinn des Fastens wird dadurch ausgehöhlt. An die Stelle des kritischen Reflektierens über sich und sein Leben tritt ein verschwenderischer Lebensstil, der den Menschen trotz des Fastens bzw. in diesem Fall gerade wegen dieser Form des Fastens nur von sich selbst und von Gott entfernt.

Gewalt

> Denkt nicht, ich sei gekommen, um Frieden auf die Erde zu bringen. Ich bin nicht gekommen, um Frieden zu bringen, sondern das Schwert. Denn ich bin gekommen, um den Sohn mit seinem Vater zu entzweien und die Tochter mit ihrer Mutter und die Schwiegertochter mit ihrer Schwiegermutter; und die Hausgenossen eines Menschen werden seine Feinde sein.
>
> **Bibel, Mt 10,34–37**

Der hier spricht, ist kein „lieber Jesus". Was er zu sagen hat, klingt nicht nach Harmonie und Wohlfühlen. Eher nach Endzeitkrise. Genau das ist beabsichtigt. Schon vor unserer Stelle lässt der Evangelist Matthäus in der sogenannten Aussendungsrede seinen Jesus Klartext mit der jungen Kirche reden: Wer mir nachfolgt, wird Kranke heilen und Dämonen austreiben. Doch Nachfolge ist kein Sonntagsspaziergang. Sie bringt Armut, Heimatlosigkeit und Verfolgung mit sich. Im schlimmsten Fall muss sie mit dem Leben bezahlt werden.

Matthäus, der sein Evangelium wahrscheinlich in den 80er-Jahren des 1. Jahrhunderts n. Chr. geschrieben hat, zeichnet bewusst ein düster-realistisches Bild von dem, was seine Gemeinde und die Kirche erwartet: vor dem Shalom, dem umfassenden Frieden der verheißenen Heilszeit, sind Konflikt, Krise und Spaltung zu überstehen. Dabei kann Matthäus als christusgläubiger Jude damit rechnen, dass seine überwiegend judenchristlich geprägten Adressaten und Adressatinnen in ihren Hausgemeinden seine Anspielungen auf das Erste Testament gut verstehen: Das Schwert in Mt 10,34 symbolisiert die schon im Buch Micha mit fast den gleichen Worten beklagte Zerrüttung von Familien (Mi 7,6). Jeder gläubige Jude weiß: Mit der Spaltung der Familien beginnt die Endzeit und damit die Zeit der Entscheidung. Jetzt wird es ernst, signalisiert Matthäus der jungen Kirche, die sich in ständigem Konflikt mit ihrem jüdischen Umfeld befindet. Was ist euch im Falle des Falles wichtig? Was sind eure Prioritäten? Alte Traditionen und familiäre Verbindlichkeiten? Oder die Nachfolge Jesu?

Mit einem etwaigen Aufruf Jesu zu den Waffen hat die Rede vom Schwert rein gar nichts zu tun. Schon frühchristliche Apologeten wie Tertullian (160–220 n. Chr.) haben argumentiert, dass sie – wörtlich verstanden – vielen anderen Stellen im Neuen Testament widerspreche, etwa dem Aufruf zum Gewaltverzicht in der Bergpredigt (Mt 5,39). Außerdem sei allein schon der Tod Jesu am Kreuz Beweis genug, dass der Spruch allegorisch zu verstehen sei: Christus sei ein „Kriegsheld des Wortes", seine Weisungen seien Pfeile, so Tertullian in seiner Schrift „Gegen Marcion".

Möglicherweise klingt mit der Erwähnung des Schwerts auch eine Stelle aus dem alttestamentlichen Buch Exodus an: Hier richtet sich das Schwert gegen diejenigen, die von JHWH, dem einen und einzigen Gott, abgefallen sind (Ex 32,27). Als Aufforderung zum wörtlichen Kreuzzug gegen Ungläubige ist Mt 10,34 in der Tradition dennoch nicht verstanden worden, sehr wohl aber – in der geistlichen Literatur – als Aufruf, die eigenen Begierden und Abhängigkeiten abzutöten wie z. B. der Schriftsteller Eutropius der Presbyter aus Spanien an der Wende zum 5. Jahrhundert in seinen „Trostbriefen".

Ob Christen in Nordkorea und Afghanistan, den Ländern mit der weltweit stärksten Christenverfolgung, mit solch spirituellen Deutungsversuchen der Tradition einverstanden wären? Sie erfahren die Konsequenzen christlichen Bekenntnisses am eigenen Leib. Doch auch einige meiner Theologiestudierenden, vor allem junge Nonnen und Mönche, erzählen mir, dass ihre Entscheidung für ein Theologiestudium mitsamt Ordensleben durchaus für einen handfesten Familienkrach oder zumindest viel Kopfschütteln und familiäre Entfremdung gesorgt habe. Überall dort, wo Kirche sich ernsthaft für die Nachfolge Christi entscheidet und klar Stellung bezieht, werden Konflikte nicht zu vermeiden sein. Christsein ist kein Wellness-Programm.

> Und erschlagt sie, wo immer ihr auf sie stoßt, und vertreibt sie, von woher sie euch vertrieben. Denn Unterdrückung ist schlimmer als Totschlag. (…) Und bekämpft sie, bis die Unterdrückung aufgehört hat und der Glaube an Gott da ist. Und so sie ablassen, so sei keine Feindschaft, außer wider die Ungerechten.
>
> **Koran, Sure 2:191–193**

In der ersten Phase der Verkündigung des Islams durch Muhammad – 610 bis 622 in Mekka – wurde den Muslimen, die immer wieder verfolgt und gefoltert wurden, jede militärische Verteidigung untersagt. Der erste koranische Vers, der den Muslimen diese erlaubte, wurde Ende des ersten Jahres bzw. Anfang des zweiten Jahres nach der Auswanderung Muhammads nach Medina verkündet, also etwa im Jahre 623. Er lautet: „Denjenigen, die bekämpft werden, ist die Erlaubnis (zum Kämpfen) erteilt worden, weil ihnen (vorher) Unrecht geschehen ist. Gott hat die Macht, ihnen zu helfen. (Ihnen) die unberechtigterweise aus ihren Häusern vertrieben wurden, nur weil sie sagen: Unser Herr ist Gott." (Koran 22:39–40)

Der oben zitierte Vers (191) aus der zweiten Sure gehört zu dieser frühen Phase in Medina, in der allerdings nur die Selbstverteidigung der Muslime erlaubt war. Sehr oft wird dieser Vers verkürzt und missverständlich so wiedergegeben: „tötet Ungläubige, wo immer ihr sie findet". Allerdings erklärt der Vers davor (190), worum es eigentlich geht: „Bekämpft auf Gottes Weg die, die euch bekämpfen! Handelt aber nicht widerrechtlich." Es geht also auch hier um Selbstverteidigung, nicht um Missionierung mit Gewalt.

Im folgenden Vers (192) werden die Kämpfenden an die Vergebung und Barmherzigkeit Gottes erinnert: „Wenn sie aber aufhören, Gott ist voller Vergebung und barmherzig." (Koran 2:192) Es ist die wegen Ungerechtigkeiten und Unterdrückung aufgewühlte innere Stimme Gottes, die in solchen historischen Situationen im Koran geoffenbart wird. Daher zeugen solche koranischen Stellen von der Empathie Gottes gerade mit den Schwachen, Unterdrückten und Leidenden.

Man muss an dieser Stelle selbstkritisch sagen, dass nicht alle Exegeten diese und ähnliche Verse in ihren historischen, vor allem kriegerischen Kontexten verortet haben, sondern sie als Legitimation für Gewalt als Mittel der Mission verstanden haben. Auf solche Lesart berufen sich Extremisten wie die des Islamischen Staates (IS) und andere, die Gewalt im Namen des Islams verüben.

Heute neigen viele Exegeten dazu, wenn sie zum Thema Gewalt im Koran gefragt werden, aus einer apologetischen Haltung heraus nur diejenigen Verse aus dem Koran auszuwählen, die vom Frieden sprechen. Diese selektive Vorgehensweise ist jedoch wenig hilfreich, weil am Ende Aussage gegen Aussage steht. In seiner Doktorarbeit zum Thema Glaubensfreiheit im Islam hat der Wiener Theologe und Prediger Adnan Ibrahim alle koranischen Verse, die sich mit dem Thema Gewalt auseinandersetzen, in ihren historischen Kontexten reflektiert. Er konnte zeigen, dass es um bestimmte historische Ereignisse ging, die der Koran kommentiert, und keineswegs um pauschale Aussagen, die zur Gewalt aufrufen würden. Adnan Ibrahim liest den Koran als in der damaligen Zeit verkündetes Buch. Das ist sicher hilfreicher als eine wortwörtliche Lesart.

Ich lese in den obigen Versen, die gleichzeitig an die Vergebung und die Barmherzigkeit Gottes erinnern, einen Aufruf, sich für mehr Gerechtigkeit und Humanität in der Welt einzusetzen, und zwar mit den Mitteln der Barmherzigkeit. Es offenbart sich hier die Stimme eines empathischen Gottes, der sich auf die Seite der Leidenden und Unterdrückten stellt und uns aufruft, Werkzeuge seiner liebenden Barmherzigkeit zu sein. Wir sollen Ungerechtigkeiten, Leid und Unterdrückung in der Welt keineswegs mit Ignoranz begegnen, sondern sie mit den Mitteln bekämpfen, die uns zur Verfügung stehen. Heute haben wir viele Mittel zur Verfügung – und zwar jenseits von Gewalt.

Frieden

Und plötzlich war bei dem Engel ein großes himmlisches Heer, das Gott lobte und sprach: Ehre sei Gott in der Höhe und Friede auf Erden den Menschen seines Wohlgefallens.

Bibel, Lk 2,13.14

Was die Engel über der weihnachtlichen Krippe schwebend verkünden, gilt allen: Ohnmächtigen und Mächtigen, Menschen und Tieren. Dabei sind dem Inventar des Neuen Testaments nur Schafe und eine Andeutung von Kamel in Mt 2,11 zu entnehmen; Ochs, Esel und sonstige Tiere verdanken sich anderen Quellen.

Weihnachten ist eine Schlüsselszene für den Frieden als Inhalt und Ziel christlicher Verkündigung überhaupt. Friede heißt im Griechischen „eirēnē“ (εἰρήνη), doch klingt gerade im genannten Vers der hebräische Friedensbegriff „šālôm“ nach – mit seiner bereits in Mesopotamien und Syrien bekannten semitischen Wortwurzel „šlm“. Wer die endzeitliche Friedensvision des alttestamentlichen Propheten Jesaja (Jes 65,17–25) im Kopf hat, der kann sich gut vorstellen, was die Grußformel „šālôm“ bis heute bedeutet: umfassendes Heil- und Wohlsein für alle Geschöpfe in einem handfesten Sinn. Keine Armut mehr, kein Krieg und keine Krankheit, keine Ungerechtigkeit und auch keine Bosheit. „Wolf und Lamm weiden zusammen, der Löwe frisst Stroh wie das Rind.“

Welch ein Gegensatz zwischen dieser Lichtbotschaft und der dunklen Welt mit ihren Verwüstungen und ihrer Gewalt zwischen den Geschöpfen! Weihnachten richtet den Scheinwerfer auf Jesus Christus als dem Friedensmittler schlechthin und erkennt in ihm den Anbruch einer neuen Schöpfung – eine Gotteswirklichkeit, die Menschen nicht allein aus eigenen Kräften „machen“ können.

Politisch gesehen verbirgt sich hinter dieser Erkenntnis eine große Desillusionierung: Im Israel der Königszeit hatte man noch königlichen Machthabern zugetraut, für außen- und innenpolitische Stabilität sowie materiellen Wohlstand zu sorgen. Das erwies sich aber spätestens angesichts der Katastrophe der Zerstörung Jerusalems 597 und 587 v. Chr. als trügerisch. Auch Kaiser Augustus als dem angeblichen Heilsbringer der Pax Romana wird bei Lukas das Misstrauen ausgesprochen: Ab jetzt ist es nur mehr Gott allein, von dem „šālôm" erhofft wird und zwar für alle Völker und letztlich für den gesamten Kosmos. Soziale Gerechtigkeit ist in dieser Hoffnung ebenso inbegriffen wie persönliches Glück und Gesundheit, aber auch das Gedeihen der Natur insgesamt. Der endgültige „šālôm" kennt weder Legebatterien noch abgebrannte Regenwälder.

„šālôm" bezieht sich demnach nicht nur auf den spirituellen Seelenfrieden des einzelnen Menschen, zu dem schon stoische und platonische Philosophie beitragen wollten. In Platons „Nomoi" (νόμοι = Gesetze) findet sich auch der bis heute bekannte Gegensatz von Frieden und Krieg, wobei der Philosoph zumindest auf politischer Ebene den Staatenlenkern empfiehlt, den Krieg schon in Friedenszeiten einzuüben („si vis pacem para bellum" – wenn du den Frieden willst, rüste für den Krieg). Friedensaktivisten und -aktivistinnen aller religiösen und weltanschaulichen Richtungen würden diese Art der „Friedensarbeit" heute wohl zu Recht stark in Zweifel ziehen. Auch das Neue Testament spricht eine andere Sprache: Die Bergpredigt preist jene selig, die Frieden stiften (Mt 5,9), und fordert damit die Nachfolger und Nachfolgerinnen Jesu auf, Gottes Friedensinitiative zu unterstützen.

Die Schlüsselszene zum Verständnis der christlichen Botschaft ist keine erbauliche Inszenierung eines oft faulen Friedens mit Engelshaar-Behübschung, sondern klarer Handlungsauftrag für

Christen, ganz persönlich für die Menschen- und Tierwürde und für das Wohlergehen aller Kreaturen dieser Welt Sorge zu tragen. Damit der utopische „šālôm“ nicht nur gotteswirklich, sondern hier und da auch menschenmöglich wird.

Die gute und die schlechte Handlung sind nicht einander gleichzusetzen. Wehre ab mit der besseren! Da ist der, der dir feindschaftlich gesinnt ist, wie ein inniger Freund und Beistand.

Koran, Sure 41:34

Mit einem bösen Wort aber ist es wie mit einem schlechten Baum, der aus der Erde gerissen worden ist. Er hat keinen Halt. Gott festigt die, die glauben, durch das schöne Wort.

Koran, Sure 14:26

Die beiden Stellen aus Sure 14 und Sure 41 wurden in der spätmekkanischen Phase verkündet, und zwar zu einem Zeitpunkt, als der Prophet Muhammad und seine Anhänger immer mehr dem Spott und der Häme der Mekkaner ausgesetzt waren. Beide Stellen appellieren an die Muslime, das Böse nur mit dem Schönen abzuwehren. Wir finden im Koran weitere solche Appelle, wie in Sure 43:89, die den Propheten auffordern: „Sei mit ihnen [den Mekkanern] nachsichtig und sag: ‚Friede!‘.“ Dabei wird der arabische Begriff „Salam“ (Frieden) in dieser Phase nicht nur eingeführt, sondern findet verstärkt Gebrauch. So wird der von den Gläubigen anzustrebende paradiesische Zustand in der ewigen Gegenwart Gottes als Haus des Friedens bezeichnet (Koran 6:127 und Koran 10:25).

Klassische muslimische Exegeten standen vor der Herausforderung, dass in der medinensischen Phase koranische Suren verkündet wurden, die den Muslimen erlaubten, sich mittels Krieges zu verteidigen. Sie sahen einen Widerspruch zwischen den koranischen Aufforderungen zum Frieden und denen zum Krieg, den sie durch das Konzept der Abrogation aufzuheben versuchten. Nach diesem Konzept heben jüngere Verse die Aussagen älterer Verse im Koran auf. Demnach seien nur die in Medina verkündeten Verse gültig, die den Muslimen erlauben, sich mit Mitteln des Krieges zu wehren, andere, die vorher zur Zurückhaltung aufgerufen haben, seien aufgehoben. Manche Exegeten gingen noch einen Schritt weiter, indem sie Krieg nicht nur als Mittel der Selbstverteidigung, sondern auch der Mission legitimierten. Alle Friedensappelle des Korans würden demnach nur für die Muslime selbst gelten. Auf diese radikale Deutung greifen auch heutige Extremisten zurück, die Gewalt im Namen des Islams gegen Nichtmuslime als religiöses Gebot erachten.

Moderne Koranexegeten, die den Koran nicht als Monolog Gottes lesen, sondern als eine Kommunikation, die die Verhältnisse zur Zeit der Verkündigung Muhammads beschreibt, lesen die Gewaltstellen als reine deskriptive Wiedergabe kriegerischer Auseinandersetzungen, ohne darin Imperative an alle Muslime und schon gar nicht an die heutigen zu sehen. Eines der Hauptargumente dieser Exegeten lautet: Der Koran beschreibt Gott mit dem Eigennamen „Der Frieden“ (Koran 59:33). Damit wird Frieden als eine absolute Kategorie gesetzt, die nicht relativiert werden darf. Wenn Gott, der das Unbedingte und das Absolute zugleich ist, ebenfalls der Frieden ist, dann ist der Weg zu Gott der des Friedens. Und deshalb bezeichnet der Koran das Paradies ebenfalls mit dem Attribut des Friedens.

In diesem Sinne betonen moderne Exegeten den Aspekt des inneren Friedens, den der Koran immer wieder mit dem Prozess der Läuterung des Herzens beschreibt. Gemeint ist der Einsatz des Einzelnen für die Aneignung guter Charaktereigenschaften und die Selbstbefreiung von schlechten, wie Neid, Hass, Egoismus usw. Und gerade diesen Einsatz hat Muhammad als den eigentlichen Dschihad bezeichnet: der Kampf gegen das Schlechte in einem selbst, um sich zu vervollkommnen. Und wenn im Koran die Rede von Dschihad im militärischen Sinne ist, dann als Ultima Ratio, um die Gesellschaft vor militärischen Angriffen zu schützen.

Das Problem bleibt heute dennoch, dass es extremistische Gruppierungen wie den IS gibt, die für sich Krieg und Gewalt mit dem Argument legitimieren, dass sie lediglich westliche Angriffe abwehren. Gerade solche Argumente zeigen, dass Frieden nicht nur eine exegetische bzw. religiöse Frage, sondern eine weltpolitische ist, die entsprechende politische Maßnahmen benötigt, um für Frieden zu sorgen.

Wunder

Solange ich in der Welt bin, bin ich das Licht der Welt. Als er dies gesagt hatte, spuckte er auf die Erde; dann machte er mit dem Speichel einen Teig, strich ihn dem Blinden auf die Augen und sagte zu ihm: Geh und wasch dich in dem Teich Schiloach! Das heißt übersetzt: der Gesandte. Der Mann ging fort und wusch sich. Und als er zurückkam, konnte er sehen.

Bibel, Joh 9,5–7

Die Heilung des Blindgeborenen ist die vorletzte der sieben spektakulären Wundererzählungen des Johannesevangeliums: Jesus versorgt eine Hochzeitsgesellschaft mit gutem Wein statt Wasser, heilt Kranke aus der Ferne, ernährt ganze Menschenmengen mit fünf Broten und zwei Fischen, wandelt über den See und erweckt zum Schluss als Höhepunkt seines irdischen Wirkens seinen verstorbenen Freund Lazarus von den Toten.

Der historisch-kritischen Exegese des 20. Jahrhunderts waren solche Szenarien peinlich: „Man kann nicht elektrisches Licht und Radioapparat benutzen, in Krankheitsfällen moderne medizinische und klinische Mittel in Anspruch nehmen und gleichzeitig an die Geister- und Wunderwelt des Neuen Testaments glauben“, formuliert der deutsche evangelische Neutestamentler Rudolf Bultmann 1948. Er fordert als Gegenmaßnahme eine rasche Entmythologisierung von Wundern, die als „des Glaubens liebstes Kind“ (Goethe) zum theologischen Problemkind der historisch-kritischen Exegese geworden waren: Zu irrational und unwissenschaftlich erscheinen sie einem Glauben, der sich vernünftig verantworten und Naturkausalitäten nicht durch Märchen ersetzen will.

Während der Kirchenvater Irenäus von Lyon im 2. Jahrhundert n. Chr. noch ganz unbefangen Jesu Spucken und die Formung eines Teigs als Wiederholung der Schöpfung des Menschen aus Lehm im Alten Testament interpretierte, versuchte die moderne Theologie lange Zeit, die Wunder Jesu zu historisieren und eine rationalistische Erklärung zu finden: Speicheltherapie z. B. war bei Augenleiden in der Antike eine gängige medizinische Methode und wurde an den vielen antiken Heiligtümern des Gottes Asklepios überall praktiziert. Jesus erscheint dementsprechend als versierter und erfolgreicher Arzt und Therapeut für physische, aber auch für psychische Leiden (vgl. die Dämonenaustreibungen). Eine eher symbolische Deutung, wie sie der katholische Theologe Eugen Drewermann auf dem Hintergrund von C. G. Jung vorgelegt hat, versteht die Heilung des Blindgeborenen dagegen als Überwindung einer blockierten Weltsicht und als Voraussetzung eines individuellen Erkenntnis- und Selbstwerdungsprozesses, der nur demjenigen möglich ist, der sich vom „Licht der Welt" wirklich berühren lässt – im Gegensatz zum religiösen Establishment, dem bleibende geistige Umnachtung vorgeworfen wird.

Der Evangelist Johannes selbst spricht von Wundern als „Zeichen" Jesu – griech. sēmeia (σημεῖα) –, die geschehen, „damit ihr glaubt, dass Jesus der Christus ist, der Sohn Gottes, und damit ihr durch den Glauben Leben habt in seinem Namen." (Joh 20,30 f.) Bei Matthäus, Markus und Lukas ist oft von „dynameis" (griech. δυνάμεις) die Rede, also von „Macht- oder Krafttaten" Jesu. Dass Menschen angesichts der in Jesus wirksamen göttlichen Energie staunen und in Furcht geraten, ist für alle Wundererzählungen des Neuen Testaments konstitutiv. Sie wollen damals wie heute irritieren, aufregen, provozieren, Erwartungen sprengen und selbstverständlich nebenbei auch unterhalten. Sie irgendwie „wegerklären" zu wollen, widerspricht ihrer ureigensten Intention.

Der Zauber Jesu erscheint deswegen noch lang nicht als eine Art magisches Simsalabim mit automatischer Wirkgarantie. Er eröffnet vielmehr eine neue Perspektive: Der Glaube traut Gottes Wirken alles zu und ist genau deswegen eine Art „Sehschule", in der Staunen und Kopfschütteln über die Wunder des Lebens tägliche Übung sind.

> Gepriesen sei, der seinen Diener [Muhammad] nachts reisen ließ von der heiligen Moschee zur fernsten, um die herum wir Segen spendeten, um ihm [Muhammad] von unseren Zeichen einige zu zeigen! Siehe, Gott ist der Hörende, der Sehende.
>
> **Koran, Sure 17:1**

Nach der islamischen Tradition ereigneten sich im siebten arabischen Monat (Radschab) des Jahres 620, zwei Jahre vor der Auswanderung Muhammads aus Mekka nach Medina, die Nachtreise und die Himmelfahrt des Propheten. Die verbreitete Erzählung spricht vom Engel Gabriel, der eines Nachts den Propheten aus dem Schlaf weckte und mit ihm auf ein Wesen namens „Buraq" stieg, das beide in wenigen Sekunden nach Jerusalem gebracht haben soll. Dort habe Muhammad in der heiligen Moschee (der Aqsa-Moschee) gebetet. Danach ging es weiter in den Himmel zum Thron Gottes, wo er mit Gott gesprochen haben soll. Die Reise von Mekka nach Jerusalem wird als Nachtreise (arab. Isra') bezeichnet, die Fahrt in den Himmel als Himmelfahrt (arab. Mi'raj).

Der obige Vers aus der Sure 17, die den Namen „Nachtreise" (Isra') trägt, kommentiert dieses Ereignis ohne Details. Die Namen Mekka und Jerusalem werden nicht erwähnt. Es ist lediglich die Rede von der heiligen Moschee und von der fernsten. Details erfährt man vielmehr aus einer Erzählung, die auf Muhammad selbst zurückgehen sollte.

Die traditionelle Exegese spricht von einem Wunder Muhammads. Er sei in ein und derselben Nacht nach Jerusalem gefahren, von dort in den Himmel gestiegen und danach wieder nach Mekka zurückgegangen. Einige klassische Exegeten lehnten allerdings diese Auslegung ab und sprachen von einem Traum Muhammads. Demnach habe Muhammad die Reise in einem geistigen und nicht physischen Zustand vollzogen. Bis heute gelten Nachtreise und Himmelfahrt als wichtiges Ereignis, das in vielen islamischen Gemeinschaften gefeiert wird. Oft wird in den Moscheen gebetet, in Sufi-Kreisen werden Gedichte zur Ehre Muhammads gesungen, es wird viel für ihn gebetet, Speisen werden an Arme und Bedürftige verteilt, Kinder dürfen sich über Süßigkeiten freuen.

Der Koran spricht anderen Propheten wie Mose, Abraham und Jesus viele Wunder zu. Über Jesus heißt es z. B., dass er durch eine Jungfrauengeburt zur Welt kam, dass er Kranke heilen und Tote auferwecken konnte. Mose spaltete das Meer mit seinem Stock usw. Nur Muhammad spricht der Koran keine wirklichen Wunder zu. Auch die obige Erzählung über die Nachtreise und Himmelfahrt ist nicht eindeutig im Koran beschrieben. Neben der Auslegung als Wunder sowie der als Traum Muhammads sprechen einige Exegeten auch von einer tatsächlichen Reise, allerdings nicht Richtung Jerusalem, sondern zu einer Moschee in der Nähe Mekkas.

Andere Exegeten, die sich der Mystik zuschreiben, interpretieren den Vers im Sinne einer spirituellen Reise beim Gebet, in der der Prophet so sehr von Gott ergriffen war, dass er seine Gegenwart im Herzen gespürt habe. Darin sehen diese Exegeten eine Einladung des Korans an die Gläubigen, sich im Gebet von der Gegenwart Gottes ergreifen zu lassen. Denn Gott sei dem Menschen näher als seine Halsschlagader (Koran 50:16) und „Wenn dich (Muhammad) meine Diener nach mir fragen, dann sag ihnen, ich bin nah, erhöre den Ruf der Rufenden." (Koran 2:186)

Es handelt sich daher nicht um ein Wunder, das die Naturgesetze brechen will, sondern das Besondere geschieht dort, wo sich Himmel und Erde treffen, wo Gott im Herzen des Gläubigen gegenwärtig wird, dort wo das Herz mit Gottes Liebe pulsiert und dieses Pulsieren in das Handeln des Menschen übersetzt. In diesem Sinne ist jeder Gläubige eingeladen, Wunder der Nächstenliebe zu bewirken, indem er seinen Mitmenschen in Liebe begegnet.

Gut und Böse

Gewissen

Denn wenn Heiden, die das Gesetz nicht haben, von Natur aus das tun, was im Gesetz gefordert ist, so sind sie, die das Gesetz nicht haben, sich selbst Gesetz. Sie zeigen damit, dass ihnen die Forderung des Gesetzes ins Herz geschrieben ist; ihr Gewissen legt Zeugnis davon ab, ihre Gedanken klagen sich gegenseitig an und verteidigen sich.

Bibel, Röm 2,14–15

Juni 2021, Würzburg: Ein Richter spricht Ordensfrau Juliana Seelmann von den Oberzeller Franziskanerinnen „schuldig". Der Grund: Seelmann hatte einer Nigerianerin, die sich auf der Flucht vor Zwangsprostitution befand, Kirchenasyl in ihrem Kloster gewährt. Seelmann beruft sich auf ihr Gewissen. Doch der Richter befindet: „Wir leben in einer Demokratie, nicht in einem Gottesstaat."

Auf das paulinische Verständnis von Gewissen kann er sich dabei allerdings nicht berufen. Das griechische „syneidēsis" (συνείδησις) bezeichnet bei Paulus den Menschen, insofern er sich seiner selbst in seinem Erkennen und Anerkennen, Wollen und Handeln bewusst ist. Paulus übernimmt den Begriff aus der hellenistischen Popularphilosophie. Dort steht er nicht nur für das Bewusstsein um die eigenen intellektuellen Grenzen (Sokrates), sondern auch wenn sich ein unbedingter moralischer Anspruch gegenüber dem Gesetz des Staates zu Wort meldet. Zum Beispiel in Sophokles' Tragödie „Antigone": Gegen den ausdrücklichen Befehl des Tyrannen Kreon bestattet sie unter Berufung auf ihr Gewissen ihren gefallenen Bruder und Staatsverräter, was sie mit dem Leben bezahlt.

Das Erste Testament kennt den Gewissensbegriff zwar nicht, spricht aber vom „Herzen“ des Menschen als dem Sitz der Gefühle, der Gedanken und Erkenntnisse, aber auch als dem Ursprungsort des Willens. Das „Herz“ enthält keine Spezialabteilung für ein moralisch-ethisches Sonderwissen, das ausschließlich religiösen Menschen zugänglich wäre, sondern – wie es im Buch Deuteronomium (Dtn 30,14) formuliert ist – ein ursprüngliches Wissen um Gut und Böse, das jedem Menschen „ganz nah“ ist. Gegenwärtige theologische Ethik formuliert: Der Mensch als moralisches Wesen hat kein Gewissen, sondern ist es. Im Gewissen als Mitte seiner personalen Existenz erfährt er sich als derjenige, der sein Handeln zu verantworten hat. Dies gilt für Gläubige wie für Ungläubige (S. 119).

Thomas von Aquin spricht vom ersten Grundprinzip der praktischen, handlungsbezogenen Vernunft, das aus sich selbst heraus einsichtig ist, und bringt es auf die Formel: „Das Gute ist zu tun, das Böse ist zu meiden.“ Der Mensch wendet es an und setzt es voraus, noch bevor es ihm ausdrücklich bewusst ist. Dieses grundlegende Wissen um das erste Prinzip ethischen Handelns, das Thomas von Aquin als „syndéresis“ bezeichnet, ist irrtumsfrei, angeboren und unverlierbar. Selbstverständlich kann die Betätigung oder Anwendung dieses Wissens in einzelnen Situationen auch ausbleiben. Dass der innere Kompass oft gar nicht oder im Gegenteil besonders stark ausschlägt, hängt mit dem sozial vermittelten Erlernen bzw. Nicht-Erlernen moralischer Gebote und Verbote zusammen und ist Forschungsgebiet der Humanwissenschaften.

Doch der letzte Ursprung ethischen Sollens liegt nach christlichem Verständnis darin begründet, dass der Mensch als Gottes freies Gegenüber geschaffen ist. Grundsätzlich gilt: Was man selbst subjektiv als das konkrete Gute einsieht, das in der Entscheidungssituation gefordert ist (auch wenn man selbstverständlich irren kann), darauf ist man verpflichtet – notfalls auch gegen staatliche und religiöse Normen und Autoritäten. Die Möglichkeit der Berufung auf die Gewissensfreiheit ist Grundrecht des Menschen und demokratische Errungenschaft. Das Gegenteil vom Gottesstaat.

> Sind sie nicht im Land umhergezogen, ja, haben sie nicht Herzen, mit denen sie begreifen, und Ohren, mit denen sie hören könnten? Doch siehe, nicht die Augen erblinden, blind sind die Herzen im Innern.
>
> **Koran, Sure 22:46**

Der Koran übt scharfe Kritik an denen, die Gott nicht anerkennen wollten, obwohl die Augen und die Ohren seine Zeichen in der Schöpfung überall wahrnehmen. Die Erkenntnis Gottes als das absolut Gute setzt darüber hinaus kritische Reflexion voraus. Die koranische Rede vom Herzen und von der Läuterung des Herzens kann im Sinne der Gewissensbildung verstanden werden. Der Koran unterscheidet daher zwischen den Geläuterten und den Verblendeten. Letztere würden die Wahrheit mit den Augen sehen, sie jedoch nicht mit dem Herzen begreifen, ihre Herzen sind der Wahrheit gegenüber verschlossen.

Muslimische Theologen fragten ab dem 8. Jahrhundert: „Erlaubt Gott etwas, weil es gut ist, oder ist etwas deshalb gut, weil Gott es erlaubt hat?" Anders gefragt: Kann der Mensch qua Vernunft das Gute vom Bösen unterscheiden oder ist er auf die Offenbarung (den Koran) angewiesen – als eine Art Bedienungsanleitung, um daraus Normen für das Alltagsleben abzuleiten? In der Theologie setzte sich Letzteres durch: Richtig und Falsch sind Vorgaben der Religion. Die Vernunft hat nur die Aufgabe, die Offenbarung zu verstehen, um darin Gottes Gesetz zu erkennen.

Diese Position steht nicht nur im Widerspruch zum obigen koranischen Vers, sondern auch zu Aussagen des Propheten Muhammad, die dem Menschen die Fähigkeit zusprechen, selbst erkennen zu können, was für ihn richtig ist und was nicht. Als ein Mann Muhammad fragte: „Es gibt unterschiedliche Auslegungen und Positionen in der Religion, welcher soll ich folgen?", sagte dieser ihm drei Mal: „Frag dein Herz, egal, was sie dir an Fatwa (religiöser Rechtsprechung) mitteilen!" Das ist als Appell an jeden Menschen zu verstehen, sich selbst in religiöser Hinsicht zu bestimmen und seine Entscheidungen selbst zu verantworten.

In der islamischen Mystik gibt es Ansätze, die das Herz (das Gewissen) als Erkenntnisquelle des Guten beschreiben. Je mehr das Herz von Egoismus, Hass, Neid etc. befreit ist, desto fähiger ist es, die Wahrheit zu erkennen. Das Herz zu läutern ist keine primär intellektuelle Aufgabe, sondern eine spirituelle, pädagogische und ethische. Ein juristisches Verständnis vom Islam als reiner Gesetzesreligion blendet die Arbeit an der Läuterung des Herzens aus. Das Herz soll in die Lage versetzt werden, das Schöne, Menschliche zu erkennen und vom Unschönen, Unmenschlichen zu unterscheiden. Wenn Religiosität aber als das Befolgen von juristischen Aussagen definiert wird, rückt nicht nur das Herz in den Hintergrund, sondern auch die Freiheit des Menschen – und eine aufrichtige Haltung, in der Moralität von innen als Selbstverpflichtung bestimmt wird.

In jüngster Zeit wollen immer mehr Ansätze in der islamischen Lehre wegkommen von einem Islam als Bedienungsanleitung für ein gelungenes Leben hin zur Frage nach der Herzenserziehung, der Gewissensbildung. Wir brauchen Religionen nicht mehr, um zu erfahren, was gut und was böse ist. Der wahre Glaube an Gott hat keine Funktion, denn der zum Glauben Einladende ist Gott, und Gott ist die Manifestation der Liebe und Barmherzigkeit. Liebe aber ist nur dann Liebe, wenn sie gelebte Wirklichkeit wird. Liebe bedeutet, andere zu bejahen und ihnen Glück und Freude zu schenken. In dieser bedingungslosen Annahme des Nächsten sehe ich den Beitrag des Korans zur Gewissensbildung. So verschwindet jeder Widerspruch zwischen religiöser und vernunftgeleiteter Urteilsfindung. Das religiöse Gewissen ist hierbei der Motivator zum guten, zum selbstlosen Handeln.

Das Böse

Und führe uns nicht in Versuchung, sondern rette uns vor dem Bösen!

Bibel, Mt 6,13

Er [Jesus] wurde vom Geist in der Wüste umhergeführt, vierzig Tage lang, und er wurde vom Teufel versucht. In jenen Tagen aß er nichts; als sie aber vorüber waren, hungerte ihn. Da sagte der Teufel zu ihm: Wenn du Gottes Sohn bist, so befiehl diesem Stein, zu Brot zu werden. Jesus antwortete ihm: (…) Der Mensch lebt nicht vom Brot allein.

Bibel, Lk 4,1-4

Was ist das Böse, von dem die vorletzte Bitte des Vaterunsers spricht? Oder ist es gar der personifizierte Böse, sprich: Satan selbst, von dem hier die Rede ist? Die Heilige Schrift ist realistisch: Von ihren ersten bis zu den letzten Seiten schildert sie Mord und Gewalt, Überschwemmungen, Seuchen und Krieg – das Böse ist immer und überall, damals wie heute.

Vieles geht auf das Konto des Menschen („malum morale"), doch nicht alles. Es gibt Leiden, an dem niemand schuld ist („malum physicum"). So entsteht mit der Frage nach dem Ursprung des Bösen gleichzeitig die sogenannte Theodizee-Frage, die Frage nach der Rechtfertigung Gottes angesichts des Übels auf der Welt: Entweder kann Gott das Böse bzw. das Leid, das daraus entsteht, nicht verhindern, dann ist er nicht allmächtig und verdient womöglich gar nicht, Gott genannt zu werden; oder er will das Böse nicht verhindern, dann ist er kein guter Gott. Hat er gar einen ebenbürtigen Gegenspieler, den Satan?

Die frühjüdische und frühchristliche Tradition hat sich mit einem solchen Dualismus immer wieder auseinandergesetzt, so z. B. in der „Zweigeisterlehre" aus Qumran. Sie integriert ihn aber in den Schöpfungsglauben: Gott als Schöpfer und Erlöser steht am Anfang und am Ende. Böse Mächte existieren zwar, sind aber weder gleichursprünglich noch gleich mächtig und ewig wie Gott selbst.

In etlichen mythischen Varianten tastet sich die Bibel an den Ursprung des Bösen heran: Die älteste Erzählung findet sich wohl im Fall bzw. Abstieg der „Gottessöhne" oder auch „Wächterengel" (Gen 6,1–4). Sie gehören zu Gottes himmlischem Dienstpersonal, machen sich aber offensichtlich selbständig – jedenfalls solange, bis Gott schließlich durch die Sintflut ihrem Treiben ein Ende setzt. Ähnliches erzählt das Buch Ijob: Hier erlaubt Gott dem Satan in seiner Funktion als Ankläger im Hofstaat Gottes, das Gottvertrauen des frommen Ijob extremen Härtetests zu unterziehen.

Bei all dem betont die Heilige Schrift jedoch, dass Gott sich auf Dauer nicht das Konzept aus der Hand nehmen lässt. Dies gilt auch für das letzte Buch der Bibel, in dem sämtliche Chaosgestalten – von der (übrigens gar nicht als „böse" qualifizierten) Schlange im Paradies über den alttestamentlichen Leviatan und den großen Drachen (Offb 12,7–9) – mit dem Satan als Personifikation des Bösen identifiziert werden. Erst in der Auslegungsgeschichte entwickelt sich die Figur des Satans zu einem ebenbürtigen „Gegengott" – ein Dualismus, der biblischem Denken eigentlich fremd ist.

Die Heilige Schrift kann sich aber vorstellen, dass Gott das Böse eine begrenzte Zeit zumindest zulässt. Häufig geschieht das aus pädagogischen Gründen, um den Gehorsam des ganzen Volkes Israel oder auch des Einzelnen zu überprüfen. Sogar Jesus selbst wird vom Teufel versucht (Lk 4,1–13). Die Rede vom „lieben Gott" bleibt angesichts dieses Befunds im Hals stecken.

Vielleicht greift genau deshalb die Tradition bzw. genauer gesagt der Kirchenvater Augustinus bei seiner Ursachenforschung nach dem Bösen in seiner Schrift „De civitate Dei“ auf Paulus zurück und ortet die Wurzel allen Übels im freien Willen des Menschen selbst. Dieser erweist sich in seinem Hochmut und seiner Egozentrik als so selbstgefällig, dass er „nicht nicht sündigen kann“ (Röm 7,21–24). Ob die Tradition damit die Spannung auflöst, die in der Heiligen Schrift hinsichtlich des Bösen besteht? Wohl eher nicht. Immerhin sind sich beide an einem Punkt einig: Das letzte Wort hat nicht das Böse, sondern Gott.

Als euch ein Unglück traf, da spracht ihr: „Woher kommt denn das?“ Sprich: „Das kommt doch von euch selbst!“ Siehe, Gott ist aller Dinge mächtig.

Koran, Sure 3:165

Was dich an Gutem trifft, das ist von Gott, und was dich an Schlimmem trifft, das ist von dir selber.

Koran, Sure 4:79

Im Jahre 625 n. Chr. fand die Schlacht von Uhud als Angriff des mekkanischen Stammes Quraisch mit Unterstützung anderer Stämme auf die Muslime in Medina statt. Die Muslime verloren diese Schlacht, weil ihre Armee strategische Fehler beging. Zuerst waren sie im Vorteil, aber als die muslimischen Bogenschützen ihren Posten verließen und sich dem Lager der Quraisch zuwandten, weil sie dachten, die Schlacht sei gewonnen und sie könnten die Kriegsbeute holen, hatten die Reiter der Quraisch freien Zugang zu den hinteren muslimischen Reihen. Die Fahne wurde zurückerobert und der Krieg gegen die Muslime war gewonnen. Es starben etwa 70 Muslime. Daraufhin wurde in Koran 3:165 verkündet, um zu unterstreichen, was auch Koran 4:79 wiederholt: Das Schlechte ist stets eine Konsequenz der eigenen Fehlhandlung. Dies gilt gemäß 4:79 auch für den Propheten selbst, der hier direkt angesprochen wird.

Im Laufe der Auslegungsgeschichte ergab sich eine kontroverse Diskussion darüber, ob der Mensch irgendetwas bewirken könne, was Gott nicht will. Die prominente Schule der Asch'ariten vertrat die Ansicht, dass nichts in der Welt geschehe, was Gott nicht wolle, da Gott allmächtig sei. Die Gegenposition wurde von den Mu'taziliten vertreten, die sich für die Freiheit des Menschen stark machten und menschliche Handlungen allein dem Menschen zuschrieben. Sie lehnten es strikt ab, das Böse in irgendeiner Weise Gott zuzuschreiben. Es wäre Gottes nicht würdig, dass er das Böse erschafft bzw. will. Dabei unterscheiden sie zwischen dem moralischen Bösen, das vom Menschen verantwortet wird, und dem Bösen in der Natur wie Krankheiten oder Naturkatastrophen. Diese erschienen uns als böse, aber in Wirklichkeit handle es sich um ein gutes göttliches Vorgehen, das z. B. bezwecke, die Menschen wachzurütteln oder einen jenseitigen Lohn für sie zu deponieren. Daher sei die zweite Form des Bösen nur im allegorischen Sinne als böse zu bezeichnen, in Wirklichkeit veranlasse Gott nur das Gute, auch wenn es uns Menschen nicht auf Anhieb als solches erscheinen möge.

Innerhalb der islamischen Tradition hat sich allerdings bis heute die asch'aritische Position durchgesetzt. Die Asch'ariten hatten ein großes Problem mit der Behauptung, der Wille des Menschen sei stärker als der Wille Gottes. Mit anderen Worten: Das Böse wird von Gott bewirkt, der Mensch trägt dennoch die Verantwortung dafür, weil er sich für diese Handlung entschieden hat.

Ich vertrete eine islamische Freiheitstheologie, die stark an die mu'tazilitische Position anknüpft und keinen Widerspruch zwischen Gottes Freiheit und der des Menschen sieht. Denn Gott hat sich in Freiheit dafür entschieden, ein Wesen zu erschaffen, das mit Freiheit ausgestattet ist und daher selbstbestimmt und selbständig handelt. Dadurch geht Gott das Risiko ein, dass der Mensch diese seine Freiheit missbraucht und Böses verursacht. Diese Position sieht sich jedoch mit dem Vorwurf konfrontiert, dass Gott die Allmacht abgesprochen wird, denn es geschehen Dinge in der Welt, die Gott nicht will, die er dennoch nicht verhindern kann.

Aber hier muss das Verständnis von der Allmacht Gottes neu reflektiert werden. Es geht nicht um einen alles kontrollierenden und somit restriktiven Gott und es geht auch nicht um einen ohnmächtigen Menschen, der fremdgesteuert ist. Es geht vielmehr um einen liebenden und daher Freiheit garantierenden Gott und um einen selbstbestimmten Menschen, der eingeladen wird, sich in Freiheit für das Liebesangebot Gottes zu entscheiden: Will der Mensch eine Hand der Liebe sein oder des Bösen?

Nächstenliebe

Du sollst deinen Nächsten lieben wie dich selbst. Ich bin der HERR.

Bibel, Lev 19,18

Du sollst den Herrn, deinen Gott, lieben mit ganzem Herzen, mit ganzer Seele und mit deinem ganzen Denken. Das ist das wichtigste und erste Gebot. Ebenso wichtig ist das zweite: Du sollst deinen Nächsten lieben wie dich selbst.

Bibel, Mt 22,37–40

Die Crux mit der Nächstenliebe ist, dass sich angesichts des jesuanischen Gebots im Kopf sofort imposante Bilder einstellen: Mutter Teresa an der Seite eines ausgezehrten Sterbenden; Maximilian Kolbe im Hungerbunker in Auschwitz, und ähnliche mehr. Im Gegensatz zu solch spektakulären Szenen fällt die biblische Bestandsaufnahme von Nächstenliebe nüchtern aus: Die Nächsten- und die Selbstliebe ist die *eine* Seite der Medaille des alttestamentlichen Doppelgebots, die *andere* Seite ist die Gottesliebe. Das Doppelgebot ist eine Kombination aus (1) Dtn 6,4 f. „Höre Israel! Der HERR, unser Gott, der HERR ist einzig. Darum sollst du den HERRN, deinen Gott, lieben mit ganzem Herzen, mit ganzer Seele und ganzer Kraft" und (2) Lev 19,18 „An den Kindern deines Volkes sollst du dich nicht rächen und ihnen nichts nachtragen. Du sollst deinen Nächsten lieben wie dich selbst. Ich bin der HERR." Teil 2 richtet sich an den erwachsenen, freien israelitischen Vollbürger und ist innerhalb der Grenzen Israels gelebte Nächsten- bzw. sogar Feindesliebe. Sie erweist sich schon im Alten Testament als Verzicht auf Rache, als Zurechtweisung des Irrenden, als Überwindung von Hass und als Solidarität mit den Benachteiligten. Und schon im

Alten Testament dehnen spätere Redaktoren diese Forderungen auch auf „Fremde“ aus, die besonders schutzbedürftig sind (Lev 19,33 f.).

Der Rabbi Jesus greift mit seinem Gebot diese Forderungen auf und begreift Nächstenliebe/Selbstliebe als Kern seiner eigenen Gesetzesauslegung. Den Anbruch der Gottesherrschaft zu bejahen heißt, sich selbst genau wie den Mitmenschen als „verlorenes Schaf“, als „verlorene Drachme“ und als „verlorenen Sohn“ sehen zu lernen, der von Gott gefunden wird (Lk 15). Aufgrund seiner Liebe kann ich mich und den anderen als den akzeptieren, der er/sie ist und in jedem Fall bleibt: Gottes Geschöpf wie ich selbst, gewollt und geliebt. Ohne Selbstliebe geht also gar nichts, sie ist das Maß der Nächstenliebe. Wer hart zu sich selbst ist, ist es irgendwann auch zu anderen; wer umgekehrt sich selbst hat annehmen gelernt, kann auch mit den Schwächen des anderen umgehen.

Dies gilt sogar für den durchaus realistischen Fall, dass sich der andere leider *nicht* als mein Freund und Nächster, sondern als Feind erweist. Ist dies jedoch nicht eine völlige Überforderung, die unweigerlich zu christlicher Scheinheiligkeit führen muss? Das griechische Wort für Liebe – agapē (ἀγάπη) – kann an dieser Stelle weiterhelfen: Was im Deutschen mit „Liebe“ übersetzt wird und so romantisch-gefühlvoll klingt, hat im Griechischen eher einen ethischen Gehalt und bezeichnet „wertschätzende Liebe“. Ich muss und kann meinem Nächsten bzw. einem Feind nicht immer emotional tief verbunden sein, aber ich kann versuchen, beiden zumindest grundsätzlich Achtung entgegenzubringen.

Am Ende des Tages manifestiert sich Nächstenliebe dann aber konkret im Zupacken, so wie es der barmherzige Samariter in Lk 10,30–35 vorlebt. Sie sprengt dabei alle religiösen und ethnischen Grenzen und bleibt Stein des Anstoßes bis in unsere aktuelle Flüchtlingspolitik hinein, so Papst Franziskus in seiner Enzyklika „Fratelli tutti“ (81 f.). Das universale Liebesgebot macht dabei nicht einmal vor Gattungsgrenzen Halt, so nochmals der Papst in „Laudato si'" (92). Es verbindet alle Geschöpfe miteinander und begründet ihre Würde. Was wäre, wenn auch Hühner, Schweine und Schimpansen unsere Nächsten wären? Das Gebot der Nächstenliebe bleibt weiterhin ein kräftiger Motor für politische und ökologische Reformprozesse.

> Auch sind die Wahrhaftigen diejenigen, die denen, die als Auswanderer zu ihnen kamen, Heimat geboten haben. Sie lieben sie und wollen nichts für sich selbst. Sie stellen sich hinten an und bevorzugen die anderen, auch wenn sie selbst in Not sind. Die vor ihrer eigenen Habgier bewahrt werden, sind die eigentlichen Gewinner.
>
> **Koran, Sure 59:9**

Muhammad und seine Anhänger wurden nach etwa dreizehn Jahren seiner Verkündigung aus Mekka vertrieben und mussten im Jahre 622 in die Stadt Medina fliehen. Dort wurden sie von einigen Medinensern empfangen, die ihnen nicht nur Schutz boten, sondern ihnen auch ihr Hab und Gut zur Verfügung stellten. Dieser Vers aus der medinensischen Phase kurz nach der Auswanderung Muhammads nach Medina beschreibt, wie diese Medinenser selbstlos die Ausgewanderten aufgenommen haben, was ihnen einen besonders hohen Rang bei Gott verliehen hat.

In der klassischen Exegese wird Nächstenliebe meist auf die Glaubensbrüder beschränkt. Auch bei dem berühmten Spruch Muhammads „Liebe deinen Bruder, wie du dich selbst liebst" wird das Wort „Bruder" in diesem Sinne interpretiert. Dies spiegelt sich in der oft diskutierten Frage, ob ein Muslim auch mit einer jenseitigen Belohnung Gottes rechnen kann, wenn er einem Nichtmuslim hilft bzw. ihm Geld spendet. Darüber wurde und wird innerhalb der islamischen Lehre kontrovers diskutiert, vor allem im Zusammenhang mit der dritten der fünf Säulen des Islams: der sozialen Pflichtabgabe (Zakat). An wen darf ein Muslim spenden? Nur an Muslime oder auch an Nichtmuslime? Solche Fragen waren im Mittelalter nicht unbedeutend, da die Beziehungen zwischen unterschiedlichen Religionsgemeinschaften oft von Kriegen und Spannungen bestimmt waren. Es ging damals oft um mehr als nur um eine religiöse Frage oder eine Identitätsfrage, es ging um eine existentielle Frage. Jede Gemeinschaft musste um das eigene Überleben kämpfen.

Im Laufe der Zeit wurden solche Verse immer mehr aus einer exklusivistischen Perspektive gelesen: Es geht um den Zusammenhalt der Angehörigen des Islams gegen andere. Daraus ist eine Identitätsfrage geworden: wir Muslime und die anderen, die Nichtmuslime bzw. Ungläubigen (Kuffar). Die Verwendung des Begriffs Ungläubige als Zuschreibung für alle Nichtmuslime wird abwertend gebraucht und stellt den Anspruch, für Gott zu sprechen und entscheiden zu können, wer in seiner Gnade steht und wer nicht. Diese exklusivistische Haltung, die die eigene Gruppe über andere stellt, spielt heute in der islamischen Welt häufig eine wichtige Rolle als Kompensation des Gefühls der Unterlegenheit gegenüber dem Westen. Nächstenliebe wird dann auf die eigene Gruppe beschränkt. Aber kann man hier überhaupt noch von Nächstenliebe sprechen? Sicher nicht! Denn Liebe, damit sie Liebe ist, muss bedingungslos sein. Sie fragt nicht nach Zugehörigkeiten. Gerade die islamische Freiheitstheologie, wie sie heute von einigen Theologen und Theologinnen vertreten wird, sieht die Freiheit des Menschen nur dann realisiert, wenn er die Freiheit des anderen bejaht und sich dem anderen öffnet. Verschließt er sich, beraubt er sich seiner eigenen Freiheit.

Ein „Ja" zu Gott ist erst im „Ja" zum Nächsten realisiert. In diesem Sinne ist Glaube nicht das Fürwahrhalten der Existenz Gottes, sondern vielmehr ein Geschehen der Liebe – aus Liebe und für die Liebe. Nächstenliebe ist somit nicht nur eine ethische Haltung, die das Gegenüber als Selbstzweck würdigt, sondern eine religiöse Haltung, die die Liebe zu Gott ausdrückt. Gott zu lieben bedeutet somit, seinen Nächsten zu lieben. Dazu sagt der Koran in 5:54: „Gott erschafft Menschen, die er liebt und die ihn lieben." Gott erschafft Menschen aus Liebe, in bedingungsloser Zusage an sie, und wartet auf ihre Antwort. Er wartet auf die Annahme seiner Liebe. Diese bezeugt sich nicht rein verbal, sondern im Handeln aus Nächstenliebe. Demnach sucht Gott Mitliebende, die ihr Leben als Hände der Liebe entwerfen. Entsprechend sollte das Wort „Bruder" in der oben angeführten Aussage Muhammads so gelesen werden: „Liebe deine Brüder und Schwestern im Menschsein, wie du dich selbst liebst."

Barmherzigkeit

> Doch ihr sollt eure Feinde lieben und Gutes tun und leihen, wo ihr nichts zurückerhoffen könnt. Dann wird euer Lohn groß sein und ihr werdet Söhne des Höchsten sein; denn auch er ist gütig gegen die Undankbaren und Bösen. Seid barmherzig, wie auch euer Vater barmherzig ist!
>
> **Bibel, Lk 6,35–36**

„Simma a bisserl barmherzig!" Der herablassende Ton, den der gelernte Österreicher in diesem Satz mitschwingen hört, ist so ziemlich das Gegenteil von dem, was Jesus seinen Zuhörern hier predigt. Die Stelle ist Teil der berühmten programmatischen Rede, die Jesus im Evangelium nach Matthäus auf einem Berg und hier bei Lukas auf einem Feld hält. Sie geht auf die „Reden-Quelle Q" zurück, eine alte Sammlung überlieferter Sprüche Jesu.

Dem Autor des Lukasevangeliums, der sein Werk im letzten Viertel des 1. Jahrhunderts n. Chr. verfasste, lag diese Quelle bereits vor. Er wendet sich an Bewohner von hellenistisch geprägten Großstädten (Korinth? Antiochien?), die sowohl mit jüdischem als auch mit hellenistischem Denken vertraut waren. Soll man als kluger Mensch Gutes tun, weil man dann selbst mit Gutem rechnen kann? Oder soll man Gutes auch dann tun, wenn man keinerlei Aussicht auf Gegenseitigkeit hat, weil der andere ein Feind ist? Jesu Antwort – das Gebot der Feindesliebe (Vers 35) sowie die Aufforderung zur Barmherzigkeit (Vers 36) – erweist sich für beide Kulturkreise als anschlussfähig: Sowohl im Judentum (Spr 20,22) als auch in der griechischen Philosophie (Seneca) ist die Aufforderung zum Verzicht auf Vergeltung und zur völlig uneigennützigen Feindesliebe bekannt. Jesus macht sie endgültig zum Kriterium der Zugehörigkeit zur Familie Gottes.

Als letzten Grund für die Möglichkeit zu einer so völlig uneigennützigen Liebe nennt Jesus den väterlichen Gott, den Inbegriff von Barmherzigkeit. Das hebräische Wort für Barmherzigkeit geht auf „rächäm“ = Mutterschoß zurück und verweist damit auf einen Gott, der sozusagen „Bauchgefühle“ („rachamim“) hat. Bauchgefühle sind schöpferisch. Thomas von Aquin wird im 13. Jahrhundert die Barmherzigkeit als „Urwurzel“ aller Werke Gottes bezeichnen und als Voraussetzung von Gerechtigkeit. Schon im Alten Testament lässt Gott sein Herz vom Leid des Armen anrühren (lat. „misericordia“). Er ergreift Partei für diejenigen, die zu kurz kommen. Er ist weder ein willkürlicher Despot noch ein liebbelangloser Teddybär-Gott. Seine Barmherzigkeit und Gerechtigkeit müssen stets in einem Atemzug genannt werden. Die Aufforderung Jesu, so barmherzig zu handeln wie Gott selbst, begründet daher die charakteristische und produktive Spannung zwischen christlicher Liebes- und Gerechtigkeitsethik.

Dementsprechend verlangen die traditionellen „sieben Werke der Barmherzigkeit“ – Hungernde speisen; Durstige tränken; Obdachlose beherbergen; Nackte bekleiden; Kranke besuchen; Gefangene besuchen; Tote bestatten – nicht nur individuelle Initiative, sondern die Schaffung von gerechten gesellschaftlichen Strukturen, in denen Menschen ein menschenwürdiges Leben führen können. Auch im Hinblick auf kirchliche Strukturen macht die Theologie darauf aufmerksam, dass sich Barmherzigkeit keinesfalls als individueller pastoraler „Weichspüler“ (Kardinal Walter Kasper) eigne, um Reformen für mehr Gerechtigkeit zu verhindern. Allein mit dem Verweis auf Barmherzigkeit wird man normative Fragestellungen z. B. in der Sexual- und Beziehungsethik nicht lösen können. Hier protestieren Menschen mit Fug und Recht gegen den herablassenden Gestus einer falsch verstandenen Barmherzigkeit und gegen den Platz auf der Arme-Sünder-Bank. Sie verlangen schuldigen Respekt auf Augenhöhe und eine selbstkritische Reflexion überkommener kirchlicher Normen im Hinblick auf Barmherzigkeit und Gerechtigkeit.

„Simma a bisserl barmherzig“ wird nicht reichen. Es steht auch nirgends in der Bibel.

Sag: „Wem gehört, was in den Himmeln und auf der Erde ist?“ Sag: „Gott.“ Er hat sich selbst Barmherzigkeit vorgeschrieben. Er versammelt euch gewiss zum Tag der Auferstehung. An dem ist kein Zweifel. Die sich selbst verloren haben, wahrlich diese sind ohne Glauben.

Koran, Sure 6:12

Die Dimension der Barmherzigkeit (Rahma) und der Gottesname „der Barmherzige“ (ar-Rahman) tauchen prominent im Koran in der mittleren Phase in Mekka auf, und zwar in der Gruppe der sogenannten Rahman-Suren (Barmherzigkeits-Suren). Der Gottesname „der Barmherzige“ tritt hier an die Stelle des vorher üblichen Namens „Herr“ (Rabb). Wie die bekannte Koranforscherin Angelika Neuwirth feststellt, begegnet der Gottesname „der Barmherzige“ erstmals im Koran gerade in jener Sure der letzten frühen Periode in Mekka (Sure 55), die besonders an der paradiesischen Dimension des jenseitigen Raums interessiert ist. Ab dieser Sure können wir sagen, dass die Barmherzigkeit die zentrale Kategorie des Korans geworden ist.

Der oben zitierte Vers der Sure 6:12 betont, dass Gott sich selbst zu nichts anderem verpflichtet als zur Barmherzigkeit. Diese Aussage wiederholt sich in dieser spätmekkanischen Sure im Vers 54 erneut. Gott schreibt sich also selbst die Barmherzigkeit rückhaltlos zu. Daher verwundert es nicht, dass die Kategorie der Barmherzigkeit auch quantitativ die am stärksten im Koran vertretene ist: 169-mal ist von der liebenden Barmherzigkeit Gottes (ar-Rahman) die Rede, 226-mal von seiner vergebenden Barmherzigkeit (ar-Rahim). Der Koran führt aber auch weitere Namen und Eigenschaften Gottes an, die ebenfalls die Barmherzigkeit Gottes zum Ausdruck bringen wollen, sodass insgesamt 598-mal eine derartige Bezeichnung im Koran vorkommt.

In der islamischen Tradition waren es vor allem die Mystiker, die der Barmherzigkeit einen zentralen Stellenwert beigemessen und sie als Wesenseigenschaft Gottes gesehen haben. Viele andere Gelehrte wollten es vermeiden, Gott personal zu denken und ihm somit Emotionen zuzuschreiben. Sie haben daher die Barmherzigkeit nur im Sinne des Willens Gottes interpretiert, barmherzig zu handeln, und nicht als Emotionen in Gott gedacht.

In einer zeitgenössischen Auslegung des Korans kann die Barmherzigkeit als hermeneutischer Schlüssel fungieren. Der angeführte Vers tritt im Koran mit weiteren in eine Verbindung, die deutlich macht, dass die Barmherzigkeit Gottes als absolut zu erachten ist. So betont der Koran weiterhin, dass Gottes Strafe relativ bleibt, während er seine Barmherzigkeit zu einer die ganze Schöpfung umfassenden Größe macht: „Meine Strafe trifft, wen ich möchte, und meine Barmherzigkeit umfasst alles." (Koran 7:156) Zudem bezeichnet der Koran die Verkündung Muhammads als Barmherzigkeit: „Wir [Gott] haben dich [Muhammad] lediglich als Barmherzigkeit für alle Welten entsandt." (Koran 21:107) Diese Barmherzigkeit wird in der arabischen Sprache mit dem Begriff „Rahma" bezeichnet, der sich aus dem Begriff „Rahm" (dt. Mutterleib) ableitet. Barmherzigkeit erhält damit eine physische und emotionale Begleitvorstellung bedingungsloser mütterlicher Liebe. Dieser Aspekt der Liebe ist auch das Ziel der menschlichen Schöpfung, denn „Gott erschafft Menschen, die er liebt und die ihn lieben." (Koran 5:54)

Gott zu lieben bedeutet, seinen Nächsten zu lieben, denn Gott selbst ist im bedürftigen Menschen gegenwärtig. Jedes menschliche Zeugnis erbarmender Liebe gegenüber dem Mitmenschen ist deshalb eine Antwort auf die Liebe Gottes. Diese Spiritualität befähigt den Menschen, das Antlitz des barmherzigen Gottes im Angesicht jedes Menschen zu erkennen und Gott im Mitmenschen zu dienen. Dort, wo man eine Hand der Barmherzigkeit ausstrecken kann, manifestiert sich Gott. Und so wird Barmherzigkeit zu einem gelebten Handlungsprinzip hier und jetzt.

Erlösung

> Denn auch der Menschensohn ist nicht gekommen, um sich dienen zu lassen, sondern um zu dienen und sein Leben hinzugeben als Lösegeld für viele.
>
> **Bibel, Mk 10,45**

In der Bibel widmet sich eine ganze Wortgruppe der Sehnsucht nach und der Zusage von Erlösung. In dem höchstwahrscheinlich echten Wort Jesu in Mk 10,45 verwendet er das griechische Substantiv „lytron" (λύτρον = Lösegeld). Es spielt auf den in der antiken Welt üblichen monetären „Loskauf" bei der Freilassung eines Sklaven an. Dementsprechend deutet der Apostel Paulus den Kreuzestod Jesu Christi im übertragenen Sinn als „Loskauf", als Befreiung von Sünde, Gesetz und Tod (Röm 6 und 7). Christen sind damit per definitionem „Freigelassene". Sie sollen konsequenterweise allein Gott dienen, niemandem sonst.

Für judenchristliche Adressatinnen und Adressaten schwingt hier die Erinnerung an die Befreiung Israels aus der Sklaverei in Ägypten mit: Gott erlöst sein Volk. Gott erlöst aber auch den einzelnen Menschen, der z. B. in den Psalmen des Ersten Testaments seine Fesselung durch Tod oder Krankheit beklagt. Wenn Jesus von Stummheit heilt oder Dämonen austreibt, erinnert sein Handeln an dieses befreiende Handeln Gottes, ausgedrückt durch griech. „lyo" (λύω = losbinden). Mit der Erfahrung gelöster Fesseln ist ein weiteres griechisches Verbum verbunden, „rhyomai" (ῥύομαι = retten, bewahren). Immer ist Gott bzw. Jesus Christus der Urheber der Rettung, die eine kosmische Dimensionen annimmt: „Gott hat uns der Macht der Finsternis entrissen und aufgenommen in das Reich seines geliebten Sohnes." (Kol 1,13)

Eine ähnliche Bedeutung hat das Wort „sozo", das die Rettung aus Lebensgefahr wie auch die Heilung von Kranken und schließlich die Rettung im Jüngsten Gericht am Ende der Zeit verheißt. Zwar hat Jesus von sich nicht als „Retter" (griech. „sōtēr", σωτήρ) gesprochen, doch die Titel, die ihm die Schriften des Neuen Testaments und die Geschichte verleihen, sprechen Bände: Erlöser, Retter und Heiland.

Erlösung hat in der Bibel unendlich viele Dimensionen – politisch-juridisch, existenziell, kosmisch, eschatologisch u. v. a. –, doch eine Kernaussage verbindet alle: Der Mensch erlöst sich nicht selbst, er wird erlöst – von Gott! Dieser steigt hinab in die Welt und nimmt sie damit an (Phil 2,8). Ein Grundsatz der Literatur der alten Kirche zur vollen Menschwerdung Christi lautet daher: „Was nicht angenommen ist, ist nicht erlöst." (Damasus I, 4. Jh.)

Vielleicht kann dieses Axiom heute hilfreich sein, denn in einer hoch individualisierten und säkularen Welt ist die Vermittlung des Glaubens an Erlösung nicht einfach. Wer in die Gesichter innerhalb und außerhalb der christlichen Kirchen blickt, sieht es überdeutlich: Seine eigene Existenz andauernd rechtfertigen zu müssen – durch Leistung, gutes Aussehen, Besitz –, verursacht enormen Stress. Erlöste Menschen dagegen lächeln, so beispielsweise die Seligen am Eingangsportal des Bamberger Doms. „Ein Verkünder des Evangeliums dürfte nicht ständig ein Gesicht wie bei einer Beerdigung haben", schreibt Papst Franziskus dann auch in seinem Apostolischen Schreiben „Evangelii gaudium" (2013).

Eines meiner Lieblingsbücher, „Der Mönch, das Kind und die Stadt" von Fernando Contreras Castro, erzählt von einem entlaufenen Mönch, der in einem Bordell lebt, einen Buben mit Behinderung adoptiert und mit einem Blinden um die Häuser zieht, um selbst besser sehen zu lernen. Er nimmt sie alle ohne Vorbehalt an und bringt damit Schulmediziner zum Staunen und Sexarbeiterinnen zum Lachen – eine moderne Parabel vom Anbruch der Gottesherrschaft durch einen schrägen Erlöser inmitten der Brutalität dieser Welt.

Die Botschaft der Bibel von einer erlösenden Liebe trifft nach wie vor auf unendlich viel Sehnsucht.

> Siehe, die Muslime, sowie die Juden, die Sabier und die Christen, alle, die an Gott glauben und an den Jüngsten Tag und die rechtschaffen handeln, bekommen ihren Lohn bei Gott, sie werden [im Jenseits] keine Furcht empfinden und sollen auch nicht traurig sein.
>
> **Koran, Sure 2:62**

Die zweite im gedruckten Koran angeführte Sure war historisch die erste, die nach der Auswanderung Muhammads von Mekka nach Medina im Jahre 622 verkündet wurde. In Medina lebten hauptsächlich jüdische Gruppen, mit denen Muhammad einen Friedensvertrag abschloss. Einige dieser Gruppen haben sich jedoch den Mekkanern angeschlossen, die Muhammad aus Mekka vertrieben hatten. Mit diesen setzt sich der Koran in der zweiten Sure kritisch auseinander. Allerdings wird diese koranische Kritik durch den oben zitierten Vers 62 unterbrochen, der neben den Muslimen auch den Angehörigen anderer monotheistischer Religionen die ewige Glückseligkeit und somit die Erlösung nach der islamischen Vorstellung verspricht. Diese Verheißung soll verdeutlichen, dass die Kritik des Korans an den jüdischen Gruppen keineswegs aus religiösen Gründen geschieht, sie ist vielmehr Ausdruck politischer Auseinandersetzungen.

In der klassischen Exegese stoßen wir allerdings selten auf diese differenzierte Sicht von Erlösung. Meist wird sie exklusivistisch betrachtet: Nur Muslime werden erlöst, alle anderen bleiben von der Gnade Gottes ausgeschlossen. Diese Position wird in der islamischen Theologie bis heute stark vertreten. Aber gerade in jüngerer Zeit wird die Frage nach der Erlösung im Zusammenhang mit dem Aufkommen des sogenannten IS theologisch kontrovers diskutiert: Viele Gelehrte sehen den IS als nicht zum Islam zugehörig, obwohl sich seine Anhänger an Glaubenssätze und religiöse Rituale des Islams halten. Sie begründen den Ausschluss aus dem Islam damit, dass IS-Anhänger durch ihr unmenschliches Handeln nicht den Glauben an einen barmherzigen Gott bezeugen würden. Es komme nicht auf das verbalisierte Bekenntnis zum Glauben an, sondern auf das entsprechende Handeln. Im Umkehrschluss würde dies heißen, dass jene, die im Sinne der Barmherzigkeit Gottes handeln, sich aber verbal nicht zum Islam bekennen, ebenfalls erlöst wären.

Erlösung wird in der klassischen islamischen Lehre meist als Eingang in das ewige Paradies aufgefasst. Auch darüber wird heute in der islamischen Theologie kontrovers diskutiert: Ist das Paradies als Ort materieller Vergnügung zu verstehen oder handelt es sich um einen seelischen Zustand ewiger Glückseligkeit in der Gegenwart Gottes?

Der Glaube gilt bis heute als die Voraussetzung für die Erlösung. Aber wie wird heute Glaube verstanden? Handelt es sich um das Fürwahrhalten dogmatischer Sätze? Bedeutet der Glaube an Gott lediglich die Einsicht, dass Gott existiert? Oder ist der wahre religiöse Glaube nicht vielmehr der Glaube an die Liebe als Manifestation Gottes in der Welt? Liebe ist allerdings erst dann Liebe, wenn sie gelebt, geschenkt und erfahren wird – und so auch der Glaube an Gott. Liebe kann nicht auf eine Funktion reduziert werden, sie ist bedingungslos. Der Glaube an die Liebe bedeutet deren Verwirklichung im Leben, das heißt: Erlösung ist stets ein Geschehen der Liebe – aus Liebe und für die Liebe. Und so gewinnt Erlösung an Bedeutung für das gelebte Leben hier und jetzt und ist nicht mehr eine Frage nach dem Verbleib nach dem Tod. Als Geschehen der Liebe setzt Erlösung auf die Bejahung des anderen, sie ist der Auftrag, alles zu geben, um anderen Glück und Freude zu schenken.

Dieses Verständnis von Erlösung hat sich in der klassischen islamischen Tradition sehr stark in der Mystik etabliert, nicht jedoch darüber hinaus. Heute sind es vereinzelte Stimmen unter den muslimischen Gelehrten, die sich für ein Verständnis von Erlösung als Geschehen der Liebe jenseits dogmatischer Fragen und Religionszugehörigkeiten starkmachen.

Mann und Frau

Adam und Eva

Da ließ Gott, der HERR, einen tiefen Schlaf auf den Menschen fallen, (…) nahm eine seiner Rippen und verschloss ihre Stelle mit Fleisch. Gott, der HERR, baute aus der Rippe, die er vom Menschen genommen hatte, eine Frau und führte sie dem Menschen zu. Und der Mensch sprach: Das endlich ist Bein von meinem Bein und Fleisch von meinem Fleisch. Frau soll sie genannt werden; denn vom Mann ist sie genommen.

Bibel, Gen 2,21–23

Am Anfang ist die Beziehung (Martin Buber). So könnte die Überschrift zu den drei Versen lauten, die sich im zweiten und älteren Schöpfungsbericht finden (seine Datierung ist umstritten, eventuell ist sie in der sogenannten Königszeit Israels vom 10. bis zum 6. Jahrhundert v. Chr. anzusetzen). Der „Erdling" 'ādām (vom hebräischen 'ādāmāh = Ackererde) ist offensichtlich noch unfertig, weil ohne „ebenbürtige Hilfe". Das wird jetzt zu seiner Freude und Erleichterung nachgeholt: Gott erschafft die geschlechtlich differenzierte Menschheit – 'iššāh (Frau) – aus der Rippe des Mannes ('iš). Das Wortspiel in Vers 23 signalisiert bereits lautmalerisch, was die „Verwandtschaftsformel" dann auch inhaltlich besagt: „Mann" und „Frau" sind sozusagen aus ein und demselben Holz geschnitzt.

Der Mensch ist auf ein Gegenüber angewiesen, allein ist er unvollständig. Für immer werden „Frau" und „Mann" miteinander verbunden sein, für immer werden sie einander begehren. So sind sie geschaffen, so ist es „sehr gut" (Gen 1,31). Mit ihnen als Paar ist die Schöpfung an ihr Ziel gekommen. Wohlgemerkt: Die uns vertrauten individuellen Eigennamen „Adam" und „Eva" bekommen die beiden erst später, Eva als „Mutter aller Lebendigen" in

Gen 3,20 und Adam in Gen 4. Bis dahin tragen sie die Kollektivbezeichnungen „Mann" und „Frau".

An der Schaffung der Frau aus der Rippe als Hilfe für den Mann haben sich in der christlichen Tradition viele Missverständnisse entzündet: Der hebräische Begriff 'ezer bedeutet keineswegs „Dienstmagd" oder dergleichen. An vielen Stellen der Bibel wird er für Gott selbst verwendet und zwar dann, wenn der Mensch selbst keinen Beistand leisten kann. Eine besonders wirksame und umfassende Unterstützung ist also gemeint. Das Wort für „Rippe" bedeutet Seite, Brett oder Tragbalken, also etwas Festes, einen Baustoff. Mann und Frau sollen fest zusammenhalten. Eine vom Schöpfer begründete Unterordnung der Frau kann daraus nicht geschlossen werden.

Tragischerweise kam es dennoch zu dieser Interpretation: In Augustinus' Schrift „De genesi ad litteram" dient die Erschaffung der Frau zur Zeugung der Nachkommenschaft und ist ausschließlich zu diesem Zweck unumgänglich. Als Hilfe bei der Arbeit oder als Trost gegen die Einsamkeit hätte Gott auch einen zweiten Mann erschaffen können, meint er. Und so stülpt er das ihm aus der Philosophie bekannte neuplatonische bzw. aristotelische System gestufter Gegensätze über den Bibeltext und baut weiter an dem, was heute als „symbolische Geschlechterordnung" bekannt ist: Die Frau ist das Gegenteil vom Mann, von ihm abgeleitet, ihm unterlegen, ein „defizitärer Mensch" (Aristoteles). ER aktiv, SIE passiv; ER Geist, SIE Körper; ER stark, SIE schwach ... Die folgende Erzählung vom Sündenfall des Menschen in Gen 3 liefert die passende Munition: Eva wird zur Ursache allen Übels. Immerhin hält Augustinus an einer Gottebenbildlichkeit der Frau im Geist und an ihrer Erlösungsfähigkeit fest, doch ausdrücklich in Absehung ihres Geschlechts und Körpers.

Damit ist die schiefe Bahn beschritten, die bis heute ihre Spuren im Frauenbild der katholischen Kirche und in ihrer Sexualmoral hinterlässt. Die weit frauenfreundlichere Deutung der franziskanischen Tradition hat sich kaum durchgesetzt. Der Protest einer Hildegard von Bingen, einer Christine de Pizan oder einer Lucretia Marinella gegen Evas Herabwürdigung ist auch heute noch wenig bis gar nicht bekannt. Dabei war der Anfang doch so paradiesisch …

> O ihr Menschen, fürchtet euren Herrn, der euch erschaffen hat aus einem einzigen Wesen (arab. „nafs wahida"); und aus ihm erschuf Er das ihm entsprechende Partnerwesen (arab. „zawj"), und aus den beiden ließ Er viele Männer und Frauen entstehen.
>
> **Koran, Sure 4:1**

Dieser Vers stammt aus der medinensischen Phase, die auf die Schöpfung des Menschen eingeht. Dabei wird hier der Name Adam nicht explizit erwähnt, die klassische Exegese deutet diesen Vers jedoch in Bezug auf Adam, aus dessen Rippe Eva erschaffen worden sei. Der Koran selbst erwähnt Eva weder namentlich noch dass die Frau aus der Rippe des Mannes erschaffen sein soll. Die Exegeten selbst beziehen sich jedoch auf vorhandenes spätantikes Material, mit dem sie ihre Exegese bereichert haben.

So berichtet der Exeget Tabari (gest. 923), dass Adam sich einsam gefühlt habe und Gott sodann einen Schlaf über ihn gelegt habe. Dann entnahm er ihm eine Rippe, und als Adam erwachte, fand er eine Frau neben sich, bei der er Ruhe finden konnte. Ihren Namen habe Eva – arab. Hawwa – von Adam verliehen bekommen, denn er fragte die Frau neben sich nach ihrem Namen und sie sagte ihm daraufhin: „Frau". Adam erwiderte: „Warum wurdest du erschaffen?", und sie sagte: „Damit du Ruhe bei mir findest." Der Engel fragte Adam daraufhin, wie die Frau heiße, und er antwortete: „Hawwa“ (was aus etwas Lebendigem entstanden ist). Auch erwähnt der Exeget die Verführung Adams durch Eva, welche zur Verkostung vom verbotenen Baum aufruft, woraufhin Adam mit einem Leben voller Bedürfnisse und Arbeit und Hawwa mit den Beschwerden der Menstruation und der leidvollen Geburt bestraft wird.

Es sind besonders diese Narrative, die zum Teil im starken Kontrast zum Koran stehen. Der Koran rehabilitiert nämlich die Frau vom Sündenfall und geht auf all die erwähnten Details nicht ein. Einige Exegeten haben versucht, biblische Narrative und deren Auslegungen wie eine Schablone auf die koranische Schöpfungserzählung zu legen, dabei nicht beachtend, dass es zu deutlichen Widersprüchen und Verzerrungen zum und im koranischen Text kommt.

Heutige feministische Koranexegese versucht, diese Schablone zu entfernen, und deutet den angeführten Vers anders. So verweist die pakistanische Islamwissenschafterin Riffat Hassan darauf, dass der koranische Begriff „nafs“, aus der Mann und Frau erschaffen sind, weder männlich noch weiblich, jedoch grammatikalisch weiblich sei. Daher gäbe es weder einen textuellen noch linguistischen Hinweis darauf, dass man der „nafs“ Männlichkeit zuschreiben müsse oder dass die „nafs“ ursprünglich Adam sei. Außerdem argumentiert sie, dass „zawj“ (Partner) konzeptuell weder männlich noch weiblich sei, wenn es sich auch grammatikalisch um ein feminines Nomen handelt.

Die koranische Aussage, wonach Gott aus einem Wesen seinen Partner erschaffen hat, interpretiert Hassan im Sinne von der Erschaffung eines zweiten Wesens aus derselben Natur wie des ersten, also die Gleichheit von Mann und Frau betonend.

Das Fazit daraus ist: Gott hat zuerst eine geschlechtsneutrale Substanz erschaffen, aus der dann später Mann und Frau geworden sind. Beide teilen den gleichen Ursprung und sind somit gleichberechtigte Partner in der Schöpfung. Diese These wird auch dadurch unterstützt, dass der Koran mehrfach darauf verweist, dass alles in der Schöpfung in Paaren hervorgebracht worden ist. Zwei separate Individuen bilden ein Ganzes. Diese Paare sind essenziell gleich, ihnen werden keine expliziten Charaktere zugeordnet und ihre Funktion ist gleichermaßen auf einer physischen, sozialen und moralischen Ebene zu finden.

Gender

> Denn alle seid ihr durch den Glauben Söhne Gottes in Christus Jesus. Denn ihr alle, die ihr auf Christus getauft seid, habt Christus angezogen. Es gibt nicht mehr Juden und Griechen, nicht Sklaven und Freie, nicht männlich und weiblich; denn ihr alle seid einer in Christus Jesus.
>
> **Bibel, Gal 3,26–28**

Frauen, die zu „Söhnen Gottes" mutieren? Ein biblischer Vorläufer für die postmoderne Dekonstruktion, die Infragestellung vorausgesetzter Begriffe von Geschlecht („nicht ist Mann und Frau")? Was sich in den Ohren von Traditionalisten nach „Genderismus" anhören mag, ist Bestandteil eines uralten Glaubensbekenntnisses, das Paulus in seinem 55 n. Chr. entstandenen Brief an die Gemeinde in Kleinasien aufgreift. Die Stelle gehört zum Fundament christlichen Selbstverständnisses.

Der erwähnte Hoheitstitel „Sohn Gottes" kommt nach dem Glauben Israels zunächst dem König zu, der von Gott eingesetzt wird. Das junge Christentum verwendet nun genau diesen Titel, um Christus als den königlichen Erlöser zu bezeugen. Die Konsequenz: Wer in der Taufe das Gewand Christi angezogen hat, ist ein neuer und erlöster Mensch mit königlichem Status. Was für eine Provokation besonders im Hinblick auf Frauen, die in den Augen der damaligen Zeit als minderwertige Wesen galten!

Doch muss das paulinische „Gender Mainstreaming"-Programm für die Gleichberechtigung von Männern und Frauen in Bezug auf die Erlösung nicht auch in der sozialen Realität eine Abbildung finden? Mit diesem Anspruch kämpft (nicht nur) die katholische Kirche bis heute. Immerhin gab es Fortschritte: Papst Johannes XXIII. hob als erster Papst in seiner Enzyklika „Pacem in terris“ (1963) die Gleichrangigkeit der Frau hervor. Das Zweite Vatikanische Konzil formulierte in der Pastoralkonstitution „Gaudium et Spes“ in Kapitel 29 ein Diskriminierungsverbot. Damit war zumindest offiziell auch in der sozialen Wirklichkeit ein Modell beendet, das fast zweitausend Jahre lang die Unterordnung der Frau unter den Mann legitimiert hatte: das Subordinationsmodell. In Kombination mit theologisch-philosophisch begründeter Frauenfeindlichkeit bei Kirchenvätern und Theologen hat es in der Geschichte eine blutige Spur hinterlassen – man denke nur an den „Hexenhammer“, der jahrhundertelang die Verfolgung von Frauen als Hexen legitimierte.

Feministische Forschung und Lehre, die solche Zusammenhänge aufdeckte und kritisierte, hat sich hierzulande erst seit zirka 1970 mühsam ihren Weg an katholisch-theologische Fakultäten erkämpft. Bis heute zahlen viele ihrer Vertreterinnen in Form von persönlichen Verleumdungen oder handfesten Karrierehindernissen einen hohen Preis für ihre Arbeit.

Die Kirche hat ein neues Modell für das Geschlechterverhältnis gefunden, das sog. Polaritätsmodell: Mann und Frau sind wie zwei entgegengesetzte Pole, deren Eigenschaften einander ergänzen. Die Formel lautet „Gleichwertigkeit in Verschiedenheit“. Worin diese Verschiedenheit genau bestehe, ist damit aber nicht geklärt. Letztlich sind es meist dem 19. Jahrhundert entstammende Geschlechterstereotype von der „emotionalen und fürsorglichen Frau“, die den „vernunftgeleiteten und selbstbestimmten“ Mann ergänzen soll. Folgerichtig leitet SIE die Krabbelgruppe, ER die Kirche.

Die Kategorie Gender stellt solche Zuschreibungen und die durch sie betonierten Machtstrukturen stark infrage. Die theologische Ethik hat das längst verstanden. Im Dialog mit Human- und Sozialwissenschaften sucht sie nach sich eröffnenden Gestaltungsspielräumen für beide Geschlechter. Christliches Bekenntnis zur Gleichwertigkeit muss sozial glaubwürdig sein.

> Wahrlich, die muslimischen Männer und die muslimischen Frauen, die gläubigen Männer und die gläubigen Frauen, die gehorsamen Männer und die gehorsamen Frauen, die wahrhaftigen Männer und die wahrhaftigen Frauen, die standhaften Männer und die standhaften Frauen, die demütigen Männer und die demütigen Frauen, (...) - Gott hat ihnen Vergebung und herrlichen Lohn bereitet.
>
> **Koran, Sure 33:35**

Der Vers 35 der Sure 33 stammt aus der mittleren Zeit der sogenannten medinensischen Phase (622–632), in der Frauen deutlich dominanter mit ihren Anliegen in den Vordergrund treten. Dies gilt auch für die Offenbarung des vorliegenden Verses, denn dazu wird berichtet, dass die Frau des Propheten Muhammad, Um Salama, ihn kritisch gefragt haben soll, warum denn nur die Männer im Koran direkt angesprochen würden, woraufhin der Prophet auf seine Kanzel in der Moschee stieg und diesen Vers verkündete. Der Vers spricht explizit Männer und Frauen an, und zwar im Kontext ihres gleichen Lohnes im jenseitigen Leben.

Der Vers 35 der Sure 33 wird in der traditionellen Exegese, stark an seinem Wortlaut orientiert, als Versprechen Gottes an Männer und Frauen verstanden, denen unabhängig von ihrem Geschlecht gleicher Lohn im Jenseits garantiert wird. In diesem Sinne stehen beide Geschlechter ebenbürtig vor Gott. Diese Auslegung hatte allerdings keine Auswirkungen auf die gesellschaftliche Stellung der Frau bzw. auf die Auslegung der koranischen Stellen, welche die gesellschaftliche Stellung der Frau thematisieren. Denn die Exegeten bezogen sie allein auf die eschatologische Dimension.

Die moderne feministische Exegese hingegen bezieht den Vers mithilfe intratextueller Bezüge in eine Gesamtargumentation für die Gleichstellung von Mann und Frau ein: Der Koran mache neben zeitgebundenen gesellschaftlichen auch universale Aussagen, die unabhängig vom gesellschaftlichen Wandel ihre Gültigkeit haben, weil sie diesem Wandel nicht unterliegen, wie es z. B. bei Rollenzuschreibungen oder gesellschaftlichen und sozialen Verordnungen der Fall ist. Diese universalen Aussagen umfassen die essenziell gleichwertige und gleichberechtigte Schöpfung beider Geschlechter, welche zunächst die Grundlage für das Geschlechterverhältnis bietet. Hinzu kommen Aussagen, wie die oben angeführten, die Mann und Frau unabhängig von ihrem Geschlecht den gleichen Lohn zusagen sowie explizit eine Gleichheit der Geschlechter in moralischen Tugenden und rechtgeleitetem Handeln betonen.

Beide Partner sind zudem in einer Beziehung dazu angehalten, sich gegenseitig zu schützen, und wenn der Koran Mann und Frau als gegenseitige moralische Führer charakterisiert, bestärkt er zudem ihre Gleichheit in ihrem moralischen Potenzial. Das Konvolut dieser Aussagen bildet das Fundament für die These, dass Mann und Frau gleich seien, und wird gleichzeitig in den Gesamtgeist bzw. in die Weltanschauung des Textes gestellt: Gleichheit und Gerechtigkeit. Jede Interpretation des Korans müsse laut der feministischen Exegese diesem universalen Anspruch gerecht werden und mit dieser Weltanschauung kohärent sein. In diesem Sinne versteht sie die dem gesellschaftlichen Wandel unterliegenden Verse, welche dieses Prinzip noch nicht vollends umgesetzt haben, als Anstoß zur Gerechtigkeit: Wenn die Geschlechter vor Gott gleich stehen, sollte dies auch für die Gesellschaft gelten.

Koranische Stellen wie der Vers 35 der 33. Sure geben zudem feministischen Theologinnen Anlass dazu, Themen kontrovers zu diskutieren, die zwar im Koran keine Erwähnung finden, deren Beurteilung aber von Gelehrten durch eine patriarchalische Brille erfolgte, wie die Rolle der Frau als Imamin oder die interreligiöse Ehe mit muslimischen Frauen. Diese Leerräume im Koran werden ebenfalls im Sinne der Gleichberechtigung interpretiert, wie sie in Sure 33:35 dargelegt ist.

Frauen

> Wie es in allen Gemeinden der Heiligen üblich ist, sollen die Frauen in den Versammlungen schweigen; es ist ihnen nicht gestattet zu reden: Sie sollen sich unterordnen, wie das Gesetz sagt. Wenn sie etwas lernen wollen, dann sollen sie zu Hause ihre Männer fragen; denn es gehört sich nicht für eine Frau, in der Versammlung zu reden.
>
> **Bibel, 1 Kor 14,33-35**

Beinahe zweitausend Jahre Kirchengeschichte mussten vergehen, bis Papst Paul VI. am 27. September 1970 die erste Frau offiziell zur theologischen „Lehrerin der Kirche" erhoben hat: die Mystikerin Teresa von Ávila (1515–1582). Zeit ihres Lebens kämpfte sie mit dem öffentlichen Rede- und Lehrverbot für Frauen, so wie Hildegard von Bingen und Katharina von Siena. Tatsächlich hatten Frauen der katholischen Kirche immer etwas zu sagen. In welchem Rahmen und in welcher Funktion ihnen die männlichen Autoritäten der Kirche jedoch eine Stimme einräumten und wo nicht, das war von Beginn des Urchristentums bis heute Gegenstand heftiger Geschlechterdebatten.

Die neutestamentliche Bibelwissenschaft weiß: Paulus schreibt seinen Brief an die Gemeinde von Korinth in der ersten Generation der Christenheit, zirka 54 oder 55 n. Chr. Damals verlaufen Gottesdienste völlig anders als heute. Nicht nur der Priester und einige wenige Laien sind am Wort. Alle vom Heiligen Geist prophetisch Begabten dürfen sprechen, weil das die Gemeinde voranbringt. Nun weht dieser Geist bekanntlich, wo er will, und bringt auch in Korinth einiges durcheinander. Damit die spontanen Eingebungen der Korinther und Korintherinnen nicht völlig aus dem Ruder laufen, sucht Paulus nach klaren Regelungen: Einer nach dem anderen und bitte zuhören! So jedenfalls ist die Stelle zu verstehen, in welche die Verse 33–35 eingebettet sind.

Doch warum dürfen in Kapitel 14 nur die Männer von ihren Erfahrungen mit Gott sprechen? Schließlich ist in Kapitel 11 desselben Briefes ganz selbstverständlich davon die Rede, dass jede Frau, die im Gottesdienst betet und prophezeit, ihr Haupt verhüllen soll (1 Kor 11,5). Warum erhalten Frauen hier für ihr öffentliches Reden in der Gemeindeversammlung „nur" Frisurvorschriften, während sie drei Kapitel später mundtot gemacht werden? Marlis Gielen, Professorin für Neues Testament an der Universität Salzburg, erklärt den Widerspruch mit der Annahme, dass die Verse 33–35 nachträglich in den Text eingeschoben wurden: „Ein Kuckucksei im Nest des Paulus und der Frauen." Doch wer hatte Interesse, sich mit der Autorität des Paulus die Unterordnung der Frauen unter die Männer zu sichern? Der Einschub setzt eine viel spätere Gemeindestruktur voraus: Die im 2. Jahrhundert entstandenen sogenannten Pastoralbriefe propagieren eine hierarchische Amtsstruktur unter der Führung eines einzigen männlichen Vorstands des „Hauses Gottes", des Bischofs: Das schöpferische Chaos des Heiligen Geistes weicht patriarchaler „Zucht und Ordnung".

Heute sind Frauen im Gottesdienst als Lektorinnen, Kantorinnen und Wortgottesdienstleiterinnen präsenter denn je, ebenso in der kirchlichen Administration und Lehre. Die Kirche hat die Unterordnung der Frau unter den Mann spätestens seit dem II. Vatikanischen Konzil (1962–65) zumindest offiziell aufgegeben und durch „Gleichwertigkeit in Verschiedenheit" ersetzt. Die Geschlechterdebatte ist damit noch lang nicht beendet, denn in einer Funktion haben Frauen nach wie vor Redeverbot: im Weiheamt. Doch auch diese männliche Bastion scheint ins Wanken zu geraten. Der Heilige Geist facht die Auseinandersetzung mit sakrosankten institutionellen Ordnungen neu an. Wie damals in den ersten Generationen des Urchristentums. Gut so. Vielleicht haben Frauen dieses Mal bessere Karten.

> Die Männer stehen den Frauen in Verantwortung vor, weil Gott einige von ihnen ausgezeichnet hat und wegen der Ausgaben, die sie von ihrem Vermögen gemacht haben. Und die rechtschaffenen Frauen sind [Gott] demütig ergeben und geben Acht mit Gottes Hilfe auf das, was verborgen ist. Und wenn ihr fürchtet, dass Frauen sich auflehnen, dann ermahnt sie, meidet sie im Ehebett und schlagt sie!
>
> **Koran, Sure 4:34**

Der Vers 34 der vierten Sure stammt aus der Anfangszeit der sogenannten medinensischen Phase (622–632) des Korans. In dieser Zeit sind viele gesellschaftliche und rechtliche Ordnungen definiert worden. Besonders innerhalb der vierten Sure, die den Titel „Die Frauen" trägt, wird eine Vielzahl von Belangen geregelt, die das Zusammenleben von Mann und Frau betreffen. Die Mehrheit der klassischen Exegeten zeichnet bei der Interpretation dieses Verses ein stark patriarchalisch geprägtes Bild, nach dem die Männer die Vormundschaft über die Frauen hätten. Diese wiederum hätten ihren Ehemännern zu gehorchen, sonst drohe ihnen eine körperliche Züchtigung. Diese Auslegung des Verses hat über die Jahrhunderte hinweg eine starke normative Kraft entwickelt, denn die Verse werden nicht als deskriptiv gelesen, sondern als überzeitliche Imperative mit konkreter Handlungsanweisung. Dies führte dazu, dass solche Exegese die Grundlage für eine religiös begründete Legitimierung patriarchalischer Strukturen lieferte.

Anfang des 20. Jahrhunderts haben moderne Exegeten dann versucht, diesem Vers eine andere Lesart zu geben, konnten sich dabei allerdings ebenso wenig von einem patriarchalischen

Grundtenor lösen. So beschreiben Muhammad Abdoh und Raschīd Ridā in ihrem Korankommentar „Der Leuchtturm" das Verhältnis zwischen Mann und Frau als hierarchisch, die Männer seien aber vor allem für den Schutz der Frauen verantwortlich, und zwar ohne diese zu bevormunden. Die Frauen sollten zudem ihr Selbstbestimmungsrecht wahren. Auch das Schlagen wird von den beiden Kommentatoren infrage gestellt, und zwar mit dem Argument, dass es andere prophetische Überlieferungen gäbe, die Männern verbieten würden, ihre Frauen zu schlagen.

Neben der klassischen Exegese, die eher einen literalistischen Anspruch stellt und sich somit stärker am Wortlaut orientiert, hat sich besonders ab Mitte des letzten Jahrhunderts eine kontextuelle Lesart etabliert. Diese Lesart, die den historischen Kontext stärker berücksichtigt und ernst nimmt, wird auch für den vorliegenden Vers genutzt, besonders in der feministischen Exegese. Dabei konzentriert sie sich auf verschiedene Schwerpunkte: So sei die in dem Vers angesprochene Verantwortlichkeit des Mannes gegenüber der Frau bezüglich ihrer finanziellen und sozialen Absicherung im historischen Kontext gesehen ein Novum, da diese zuvor nicht geregelt war. Durch den Vers werde diese nun garantiert und unterliege nicht mehr der Willkür des Mannes.

Ein weiterer Fokus liegt auf dem Wort „schlagen". Diesen Ausdruck liest die feministische Exegese als eine deskriptive Beschreibung einer Situation im 7. Jahrhundert, in der Gewalt gegen Frauen legitim gewesen sei. Im Koran kommt es zu einer Verschiebung: Statt Gewalt als erste Option anzuwenden, führt Vers 34 der vierten Sure andere Mediationsformen ein – die Frau ermahnen und im Ehebett meiden –, um die durch den Konflikt hochgestiegenen Emotionen aufzufangen und eine gewaltvolle Affekthandlung zu vermeiden. Die Gewalt wird dadurch an letzter Stelle gereiht. Diese Stoßrichtung des Korans gilt es nun fortzudenken. Eine zeitgemäße Exegese muss ohne Wenn und Aber vom Grundsatz der

Gleichberechtigung und der gewaltlosen Kommunikation ausgehen. Alle anderen Vorstellungen des 7. Jahrhunderts müssen im historischen Kontext verortet werden.

Maria

> Da sagte Maria: Meine Seele preist die Größe des Herrn, und mein Geist jubelt über Gott, meinen Retter. Denn auf die Niedrigkeit seiner Magd hat er geschaut. (…) Er vollbringt mit seinem Arm machtvolle Taten: Er zerstreut, die im Herzen voll Hochmut sind; er stürzt die Mächtigen vom Thron und erhöht die Niedrigen. Die Hungernden beschenkt er mit seinen Gaben und lässt die Reichen leer ausgehen.
>
> **Bibel, Lk 1,46–53**

Was ist aus diesem jüdischen Mädchen Miriam im Laufe von zweitausend Jahren alles geworden! Im „Magnifikat" des Lukasevangeliums, aus dem die zitierten Verse stammen und das täglich zur Vesper in allen Klöstern dieser Welt angestimmt wird, erscheint Maria als Prophetin, Revolutionärin, Mutter der Armen – zumindest inspiriert sie als solche bis heute die lateinamerikanische Befreiungstheologie und die feministische Theologie. Wer dagegen berühmte Wallfahrtsorte aufsucht, kann sich des Eindrucks kaum erwehren, in all dem Gold und Flitter der Reinkarnation einer Göttin zu begegnen, der ägyptischen Isis vielleicht oder auch der griechischen Artemis. Als „wunderschön prächtige, große und mächtige, liebreich holdselige, himmlische Frau" beschirmt sie die katholische Kirche und Österreich. Protestantische Christgläubige reagieren angesichts solcher Lobpreisungen meist leicht fassungslos, und Orthodoxe betonen, dass das Fundamentaldogma der alten Kirche im Konzil zu Ephesus 431 n. Chr. die Jungfrau Maria als „Gottesgebärerin" verkünde, also letztlich ein Verweis auf Christus sei.

Tatsächlich ist die sogenannte Mariologie bis heute ein ernsthaftes Hindernis für den ökumenischen Dialog. Zumindest die beiden in der Neuzeit entstandenen Dogmen von der „unbefleckten Empfängnis“ (1854) und von der „leiblichen Aufnahme Marias in den Himmel“ (1950) können sich weniger auf die Bibel denn auf die Volksfrömmigkeit stützen. Dabei spielt das erst im in der zweiten Hälfte des zweiten Jahrhunderts entstandenen „Protevangelium des Jakobus“ eine entscheidende Rolle: Es erzählt von Maria als dem auf wunderbare Weise empfangenen und behüteten Kind von Anna und Joachim, das in einer tempelähnlichen Atmosphäre als nonnengleiche Asketin heranwächst und trotz Empfängnis und Geburt immerwährend jungfräulich bleibt, was u. a. durch eine Untersuchung seitens einer Hebamme bestätigt wird.

Im Gegensatz zu solchen Szenarien sind die Befunde der historisch-kritischen Exegese – gut zusammengefasst z. B. im Standardwerk „Maria“ von Jürgen Becker – ernüchternd: Nur Lukas und damit erst die dritte christliche Generation (80/90 n. Chr.) erzählt ansatzweise Marias Lebensgeschichte. In dem zur selben Zeit entstandenen Matthäusevangelium kommt es vor allem darauf an, dass der Gottessohn „unter anderen Umständen“ geboren ist, d. h. allein durch Gottes Geist – eine keineswegs singuläre theologische (und nicht biologisch misszuverstehende) Aussage in der ägyptisch-hellenistischen Religionsgeschichte.

Unter dem Kreuz findet sich Maria nur bei Johannes, aber auch dort ist sie von der „Pietà“ oder der „Mater dolorosa“ der Kunst- und Musikgeschichte weit entfernt. Immerhin wird sie beim Hochzeitswunder zu Kanaan erwähnt. Das älteste Evangelium, jenes nach Markus (ca. 70 n. Chr.), erwähnt die Mutter Jesu kaum und wenn, dann als distanziertes Mutter-Sohn-Verhältnis (Mk 3,31–35; 6,1–6). Kein Wunder, dass der frühchristliche Theologe Tertullian Maria gar zu den „ungläubigen Verwandten Jesu“ zählt! Als Paulus 55 n. Chr. seinen Brief an die Galater schreibt, erwähnt er kurz, dass Jesus Christus „von einer Frau“ geboren sei (Gal 4,4).

Auch wenn die Tradition, allen voran die Kirchenväter Ignatius, Justin und Irenäus, ihre tausend Bilder von Maria malt – rein historisch gesehen bleibt Maria eine weitgehend Unbekannte. Dennoch ist sie als Vorbild des Vertrauens in Gottes Geistkraft bis heute Zuflucht und Inspiration für viele und in tausend Bildern gegenwärtig.

Gedenke in der Schrift der Maria! (…) Wir sandten unseren Geist zu ihr (…). Er sprach: „Ich bin Gesandter deines Herrn, um dir einen lauteren Jungen zu schenken." Sie erwiderte: „Wie soll ich einen Jungen bekommen, wo mich kein Mensch berührt hat und ich keine Dirne gewesen bin?" Er sprach: „So ist es. Dein Herr sagt: Das fällt mir leicht. So wollen wir ihn zu einem Zeichen für die Menschheit machen (…)"

Koran, Sure 19:16–21

Die 19. Sure trägt den Namen „Maryam" (Maria). Sie zählt zu den mittelmekkanischen Suren und handelt ausführlich von Maria und Jesus. In ihr wird die Empfängnis Jesu vom Heiligen Geist und seine Geburt von der Jungfrau Maria beschrieben, was sich mit vielen Beschreibungen des Neuen Testaments deckt. Diese Jungfrauengeburt wird im Koran als eines neben anderen Wundern Jesu dargestellt. In Sure 3:49 heißt es zum Beispiel, dass Jesus Kranke heilen und Tote auferwecken konnte. Die Sonderstellung von Maria bleibt im Koran aufrecht, auch in der medinensischen Phase, etwa wird in Sure 3:42 bestätigt: „Die Engel sprachen: O Maria! Siehe, Gott hat dich erwählt und rein gemacht, er erwählte dich vor allen Frauen in der Welt."

Sowohl in Mekka als auch in Medina lebten sehr viele Christen, mit denen Muhammad eng in Berührung kam. Er war offensichtlich bemüht, eine Gemeinde der Monotheisten zu bilden. Deshalb lesen wir im Koran auch in den letzten verkündeten Suren wie Sure 5 eine Botschaft der Anerkennung von Juden und Christen, denen sogar die ewige Glückseligkeit versprochen wird (z. B. im Koran 2:62 oder 5:69). Der Koran hat keine Scheu, christliche Termini zu adaptieren, wie zum Beispiel den Messiastitel, auch wenn er diese Termini oft ohne theologische Deutung im Raum stehen lässt.

Aber auch Kritik an manchen theologischen Positionen kommt vor. Diese koranische Kritik darf jedoch keineswegs als eine pauschale Kritik am Christentum bzw. dem Judentum an sich missverstanden werden. Der Koran greift an manchen Stellen vielmehr korrigierend ein, um den Monotheismus zu schützen. Zum Beispiel betont er seine Ablehnung der Vergöttlichung von Maria (Koran 5:116) durch bestimmte vom Christentum abweichende Gruppen. Genauso weist der Koran einen tritheistischen Glauben (Drei-Gott-Glaube) zurück (Koran 5:73), was weniger mit Kritik an der Trinität zu tun hat, wie so oft in der klassischen Exegese fälschlicherweise interpretiert wurde.

Die muslimischen Exegeten haben lange darüber debattiert, ob Maria eine Prophetin wie die anderen im Koran beschriebenen Propheten war. Die Mehrheit auch der heutigen Gelehrten lehnt es allerdings ab, dass eine Frau zur Prophetin auserwählt wurde, und beschränkt diesen Status nur auf männliche Verkünder. Dennoch schreiben alle muslimischen Gelehrten Maria eine besondere Stellung zu, und zwar nicht nur als Mutter Jesu, der wiederum im Koran als Wort und Geist Gottes bezeichnet wird. Darüber hinaus erzählt der Koran, dass Maria als Geistliche im Tempel arbeitete, eine Aufgabe, die bis dahin nur den Männern vorbehalten war (Koran 3:35–37). Daraus könnte man für uns heute ableiten, dass Frauen eine stärkere Rolle als Geistliche in den Moscheen spielen sollten als bis jetzt angenommen und praktiziert wird.

Maria ist auch deshalb für den Islam eine besondere Figur, weil sie die einzige Frau ist, die der Koran namentlich erwähnt. Hinzu kommt, dass ihr nach der koranischen Erzählung der Heilige Geist erschienen ist, um ihr Jesus als das Wort und zugleich den Geist Gottes anzukündigen. Es ist derselbe Heilige Geist, der Muhammad erschienen ist, um ihm den Koran zu verkünden. Auch der Koran bezeichnet sich selbst als das Wort und den Geist Gottes. Und beide, der Koran und Jesus, werden als Manifestation der Barmherzigkeit Gottes beschrieben. Aber nur ganz wenige moderne Exegeten sehen hier eine Parallele zwischen Muhammad und Maria dahingehend, dass beiden der Heilige Geist erschienen (klassisch wird er mit dem Engel Gabriel gleichgesetzt) ist, um beiden das Wort Gottes anzukündigen. Der Koran selbst gibt uns aber den Anlass, diese Parallele zwischen beiden Figuren als Verkünder des Wortes Gottes zu ziehen, was die Stellung von Maria auch als Prophetin neben Muhammad und den anderen Propheten aufwerten würde.

Homosexualität

Du darfst nicht mit einem Mann schlafen, wie man mit einer Frau schläft; das wäre ein Gräuel.

Bibel, Lev 18,22

In Polen haben sich seit dem Jahr 2019 insgesamt 96 Gemeinden, 36 Landbezirke und vier Verwaltungsbezirke zur sogenannten LGBT-freien Zone erklärt. Mit durchgestrichener Regenbogenfahne demonstrieren sie öffentlich, dass lesbische (L), homosexuelle (Gay), bisexuelle (Bisexual) oder Transgender-Personen (T) bei ihnen unerwünscht sind. Zwar hat nach finanziellem Druck der EU eine Region in Südpolen im September 2021 diesen Status wieder aufgehoben. Aber an vielen Orten unterstützen Mitglieder der katholischen Kirche die Aktion. Sie berufen sich dafür auf den Weltkatechismus, der – entgegen humanwissenschaftlichen Befunden – Homosexualität als „schlimme Abirrung" (2357) verurteilt und dabei die Bibel zitiert, u. a. Gen 19,1–29 („Sodom und Gomorra") und Röm 1,26–27. Hier bezeichnet der Apostel Paulus in einer prophetischen Gerichtsrede gegen alle Nicht-Juden Homosexualität als „widernatürlich".

Die Reinheitsvorstellungen aus dem oben zitierten Buch Levitikus, die der Abgrenzung gegenüber „heidnischer" Lebensart dienen und sexuelle Verfehlungen insgesamt als Symptom und Folge der Verehrung anderer Götter begreifen, sowie die Schöpfungsmythen liefern Paulus als gebürtigem Juden den normierenden Rahmen für sein Urteil: In der Anbetung des Geschöpfs statt in der Anbetung des Schöpfers äußere sich „moralische Verkommenheit", entspreche eine „Sexualität gegen die Natur" dem Vertauschen von Wahrheit und Lüge. Reproduziert wird hier das stereotype jüdische Vorurteil gegen „heidnische Lasterhaftigkeit" sowie das Ziel der alttestamentlichen Verbote in Lev 18 und 20: das Überleben der eigenen Religionsgemeinschaft zu sichern. Dieses Ziel beeinflusst sowohl frühjüdisches Schrifttum als auch später die christliche Ehelehre. So schreibt Flavius Josephus in seiner Schrift „Contra Apionem“ (ca. 100 n. Chr.): „Das Gesetz erkennt nur den naturgemäßen Verkehr mit der Frau an, und zwar zum Zweck der Kinderzeugung; den Beischlaf aber unter Männern verdammt es.“

Tatsächlich ist es also die Tradition des Naturrechts mit seiner Fixierung auf Fortpflanzung, die nach wie vor politische Munition für die Diskriminierung von Homosexuellen liefert. Den Autoren der Heiligen Schrift war das heutige Verständnis von Homosexualität – gleichgeschlechtliche Liebe (!) – schlichtweg nicht bekannt! Paulus' vermeintliche Absage an lesbischen Geschlechtsverkehr ist nach heutigem Stand der Exegese viel eher eine Kritik an der Praxis der Empfängnisverhütung und damit erneut ein Appell, Nachwuchs zu zeugen. Gen 19,1–29 bezieht sich ebenfalls weder auf heutige Lebensverhältnisse noch auf sexuelle Identitäten und Orientierungen. Hier geht es um den Bruch der Gastfreundschaft und die Demütigung eines Fremden (Lot) samt seinen verdächtigen Gästen. Thema ist nicht Lustgewinn oder Liebe, sondern Machtdemonstration durch aufgezwungene Penetration – ein Gewaltakt, der in der gesamten altorientalischen Welt die eigene Überlegenheit unter Beweis stellen sollte.

Im Hinblick auf die menschenrechtsverachtenden Folgen veralteter Lehren (siehe Polen) fordern weltweit Theologinnen und Theologen sowie neuerdings auch Bischöfe eine Revision des Katechismus. Dabei muss endlich zur Kenntnis genommen werden, dass (a) die Heilige Schrift keine Aussagen zum heutigen Verständnis von Homosexualität macht und (b) die Sexualwissenschaft bereits seit Beginn der 1970er-Jahre Homosexualität als „Normvariante menschlicher Beziehungsfähigkeit“ anerkennt.

Hier gibt es nichts zu therapieren, vielmehr zu akzeptieren. Für meine Studierenden ist Stephan Goertz (Hg.) „Wer bin ich, ihn zu verurteilen?“ (2015) eine Pflichtlektüre.

> Lot sprach zu seinem Volk: „Wollt ihr denn etwas so Schändliches begehen, worin noch niemand euch zuvorkam von den Weltbewohnern? Siehe, aus Lust verkehrt ihr mit den Männern statt mit Frauen. Nein, ihr seid ein Volk, das es zu weit treibt.“
>
> **Koran, Sure 7:80–81**

Das Wort Homosexualität kommt im Koran nicht vor. Fragt man dennoch, wie der Koran zur Homosexualität steht, wird in der Regel auf die Erzählung von Lot verwiesen, der im Koran als ein Gesandter Gottes dargestellt wird. Die Geschichte von Lot und seinem Volk, die in etwa der biblischen Sodom-Erzählung in der Genesis entspricht, wird im Koran in unterschiedlichen Varianten erzählt. In einigen dieser Koranpassagen wirft Lot den Männern von Sodom vor, die eigenen Ehegattinnen zu vernachlässigen und sich Männern begehrlich zu nähern – ein Vergehen, das keiner in der Welt zuvor begangen habe. Diese Erzählung wurde in der mittel- und spätmekkanischen Phase wiederholt verkündet, also zu einem Zeitpunkt, als Muhammad und seine Anhänger mehrfach verfolgt und bedroht wurden. Die koranischen Stellen zu Lot haben daher nicht das Thema Homosexualität bzw. die Warnung davor als Schwerpunkt, sondern sind an Muhammad selbst gerichtet, um ihm Mut zu machen, denn auch andere Gesandte Gottes vor ihm haben es nicht leicht mit ihren Völkern gehabt, auch sie wurden verfolgt und belästigt. Am Ende hat Gott sie jedoch errettet und deren Feinde vernichtet.

Die traditionelle Exegese interpretiert jedoch den obigen Vers und ähnliche Verse als eindeutige Stellungnahme des Korans gegen Homosexualität. Diese sei eine große Sünde, die den Zorn Gottes auf sich ziehe. Diese Ansicht ist bis heute sehr stark in der islamischen Tradition verbreitet. Die meisten klassischen islamischen Rechtsschulen fordern die Todesstrafe (zum Teil durch Steinigung) für Homosexualität, auch wenn der Koran dies nicht vorsieht. Tod durch Steinigung wurde wahrscheinlich vom Judentum in das islamische Recht übernommen. Obwohl die meisten Rechtskompendien einen Paragrafen zu Homosexualität zwischen Männern enthalten, gilt dies nicht für Homosexualität zwischen Frauen. Diese wurde meist nicht so ernst genommen, wahrscheinlich, weil keine Penetration erfolgt.

Auch in der Moderne betrachten konservative Exegeten gleichgeschlechtlichen Verkehr als Sünde und sprechen Todesstrafen gegenüber Homosexuellen aus. Dazu gehören Yusuf al-Qaradawi (geb. 1926) und Taha al-Alwani (geb. 1935). Moderne Exegeten und Gelehrte sehen jedoch in der koranischen Lot-Erzählung keine Aussage über Homosexualität. Denn es handelt sich, wie der Koran selbst erzählt, um verheiratete Männer. Diese tun anscheinend etwas ganz Neues, „was keiner in der Welt je zuvor getan hat" (Koran 7:80; 29:28). Dies passt nicht zu dem, was wir heute über Homosexualität wissen, die es von jeher gab. Nach der koranischen Darstellung wollte das Volk die Gäste von Lot vergewaltigen, nicht aus sexuellen Gründen, sondern weil sie den Propheten Lot und seine Autorität ablehnten und es ebenfalls ablehnten, seinen Gästen oder Fremden ein Gastrecht zu gewähren.

Der Koran kritisiert hier auch eine alte hellenistische, zum Teil von den Arabern übernommene patriarchalische Tradition, nach der, analog zur rangniedrigeren Frau, der penetrierte Mann, Jüngling oder Knabe unterlegen war. Während die Penetrierenden mit ihren Eroberungen und Vergewaltigungen angeben konnten, war

„es" für Verführte und Vergewaltigte schändlich. Die koranische Erzählung verurteilt daher nur die Vergewaltigung, Unterdrückung und Erniedrigung, aber nicht Homosexualität als solche. Für unsere Gesellschaft ist es wichtig, Menschen und ihre Rechte unabhängig von ihrer sexuellen Ausrichtung würdevoll anzuerkennen und gleichberechtigt zu behandeln. Diskriminierende theologische Auslegungen sind zu verwerfen.

Wir und die Anderen

Fremde

> Dann wird der König denen zu seiner Rechten sagen: Kommt her, die ihr von meinem Vater gesegnet seid, empfangt das Reich als Erbe, das seit der Erschaffung der Welt für euch bestimmt ist! Denn ich war hungrig und ihr habt mir zu essen gegeben; ich war durstig und ihr habt mir zu trinken gegeben; ich war fremd und obdachlos und ihr habt mich aufgenommen.
>
> **Bibel, Mt 25,34–35**

Die gastfreundliche Aufnahme des Fremden gehört in der christlichen Tradition zu den „sieben leiblichen Werken der Barmherzigkeit" und damit zum Kern des christlichen Glaubens insgesamt. In einer dramatischen Gerichtsszene führt die endzeitliche Figur des „Menschensohns" oder „Königs" vor, an wem sich buchstäblich die Geister scheiden: Gleich nach der Sorge für Hungernde und Dürstende steht die Gastfreundschaft für Fremde. Der griechische Text spielt hier mit der Doppelbedeutung von griech. „xenos" (ξένος). Dieses Wort wird im Griechischen nicht nur in der Bedeutung von „fremd", sondern auch für den Gast verwendet – ganz im Gegensatz zu den anderen neutestamentlich geläufigen griechischen Ausdrücken wie „bárbaros" (βάρβαρος = einer, der nur stammeln kann, also ungebildet ist) und „allótrios" (ἀλλότριος = fremd im Sinne von unpassend; feindlich), womit Fremde sofort als Feinde erscheinen.

Tatsächlich sind Fremde schon immer eine erhebliche Herausforderung für die Einheimischen gewesen, von den biblischen Zeiten an bis heute. Der französische Philosoph Jacques Derrida hat es in seiner Schrift „Von der Gastfreundschaft" sehr treffend formuliert: „Der Fremde ist derjenige, der mich infrage stellt." Er kennt sich nicht aus und bringt allein schon deshalb geheiligte Ordnungen durcheinander. Der Fremde ist anders, er passt nicht hinein – und ist aus diesem Grund auch extrem verletzlich und schutzbedürftig. Persönliche Gastfreundschaft ist daher schon im Alten Testament Übung und Pflicht zugleich, wobei übrigens eine geheimnisvolle Frau, die sog. „Hure Rahab von Jericho" (Jos 2), im Neuen Testament als leuchtendes Vorbild für den Schutz von Fremden genannt wird (Jak 2,25; Hebr 11,31). Sie gewährt Fremden Unterschlupf und hilft ihnen, die berühmten Mauern von Jericho zum Einsturz zu bringen.

Über diesen persönlichen Einsatz hinaus sind aber vor allem die klaren Regelungen des Alten Testaments für Fremde zu nennen: Aus der existenziellen Erfahrung heraus, selbst im Exil und in der Zerstreuung (Diaspora) fremd gewesen zu sein, erkennt das Volk des ersten Bundes seinen Gott als einen Gott, der die Fremden liebt und daher auch seinem Volk Liebe für Fremde abverlangt (Dtn 10,19). Das Alte Testament enthält daher in nahezu allen Schichten und Schriften umfangreiche gesetzliche Schutzbestimmungen für Fremde in ihren jeweiligen Lebensumständen: Sei es, dass sie als unschuldig Verfolgte in Israels Asylstädten Schutz suchen (Dtn 19,1–10), als Sklave ihrem „Besitzer" entlaufen (Dtn 23,16) oder als politische Flüchtlinge einem Krieg im Nachbarland entflohen sind (Jes 16,1–4). Das jüdisch-christliche Erbe begreift Fremde in allererster Linie als Schutzbefohlene, deren Recht deshalb umso sorgfältiger gewahrt bleiben muss, weil es stets gefährdet ist.

Dieser Tradition und der Gepflogenheit der alten Griechen, schutzsuchenden Fremden in Tempeln und Altären Schutz zu gewähren, entstammt auch die jahrhundertealte Idee des Kirchenasyls, von der beispielsweise noch die deutlich sichtbare „Schutzhand" am Portal der Salzburger Franziskanerkirche erzählt. Zwar kennt Österreich heute staatlicherseits kein anerkanntes Kirchenasyl mehr, doch stellt der Schutz für Menschen in Not und hier insbesondere für Flüchtlinge aus der Fremde bis heute eine fundamentale ethische Verpflichtung christlichen Glaubens dar.

> Ihr Menschen! Siehe, wir erschufen euch als Mann und Frau und machten euch zu Völkern und zu Stämmen, damit ihr einander kennenlernt. Siehe, der gilt bei Gott als edelster von euch, der am meisten fromm ist. Siehe, Gott ist wissend, kundig.
>
> **Koran, Sure 49:13**

Der zitierte Vers wurde kurz vor dem Tod des Propheten Muhammad als Bekräftigung seiner „Abschiedspredigt" verkündet, die er während der Pilgerfahrt im Jahre 632 vor zirka 120.000 Menschen hielt. In dieser Predigt, die als eine Art Testament des Propheten gilt, ging er vor allem auf ethische Grundlagen ein wie z. B. soziale Gleichheit. Er sagte: „Die gesamte Menschheit stammt von Adam und Eva. Ein Araber hat weder einen Vorrang vor einem Nicht-Araber noch hat ein Nicht-Araber einen Vorrang vor einem Araber; Weiß hat keinen Vorrang vor Schwarz noch hat Schwarz irgendeinen Vorrang vor Weiß; niemand ist einem anderen überlegen außer in der Frömmigkeit und in guter Tat. Lernt, dass jeder Mensch der Bruder eines jeden Menschen ist."

Sowohl in Vers 13 der Sure 49 als auch in der Abschiedspredigt des Propheten Muhammad ist Frömmigkeit ein ethisches Kriterium. In einer anderen Aussage Muhammads zeigte er auf sein Herz und wiederholte drei Mal: „Hier ist der Ort der Frömmigkeit." Es geht dabei um die innere Haltung des Menschen bzw. um das, was wir heute als „Charakter" bezeichnen. Muhammad rief in vielen Aussagen zu einer Haltung der Demut, der Empathie, der

Verantwortung auf. Diese kann unter dem Grundsatz der „Nächstenliebe“ zusammengefasst werden.

Die Betonung der Vielfalt unter den Menschen als Bereicherung in Sure 49:13 war Teil der Absicht Muhammads, ein Bewusstsein der Gleichheit zu wecken. Wie die klassischen Exegeten betonten, entschieden die jeweiligen Stammeszugehörigkeiten über den Stellenwert des Menschen in der Gesellschaft. Aber genau mit solchen Ungleichheiten wollte der Koran brechen und betonte deshalb die gottgewollte Vielfalt, damit Menschen in und an der Begegnung miteinander innerlich wachsen. Daher stellt der Koran den Zusammenhang zwischen der Begegnung mit der Vielfalt und der Frömmigkeit her. Empathie, Zuvorkommenheit und Freundlichkeit können erst durch die Begegnung mit dem anderen erlangt werden.

Eine pluralitätsfeindliche Auslegung des Korans durch manche Exegeten führte aber dazu, dass einige meinten, der Koran bejahe Vielfalt nur unter den Muslimen, denn der Islam sei die einzig wahre Religion. Manche sagten sogar, dass Verse von der Vielfalt als aufgehoben („abrogiert“) gelten würden. Aber in unserer heutigen pluralen Gesellschaft sind religiöse Botschaften, die in der Vielfalt eine Bereicherung sehen, nicht verhandelbare religiöse Grundsätze. Viele Muslime berufen sich daher heute auf Sure 49:13, um zu unterstreichen, dass es das „Fremde“ an sich nicht gibt. Fremdheit ist keine Eigenschaft einer Person oder einer Gruppe, sondern das Ergebnis einer Zuschreibung. Sure 49:13 lädt uns zu einem Perspektivenwechsel ein: „neu“ statt „fremd“, „aufeinander zugehen“ statt „sich zurückhalten“, „sich dem anderen öffnen“ statt „verschließen“.

Die Bejahung von Vielfalt setzt allerdings selbstsichere Identitäten voraus, die im Anderen nicht das verunsichernde Fremde sehen, sondern das Neue, das uns neugierig macht. Wir können also festhalten, dass die Bejahung der Vielfalt zuerst die Bejahung des Selbst voraussetzt. Das ruft uns alle gerade dazu auf, uns mit dem eigenen Ich und dem eigenen Wir auseinanderzusetzen: Was macht mich zu dem, was ich bin? Was macht uns zu dem, was wir sind? Dann wird man bald feststellen, dass wir uns alle im Fluss einer Geschichte der gegenseitigen Begegnung von Individuen, Erfahrungen und Kulturen bewegen. Dieser ständige Dialog mit dem anderen ist das, was uns formt. Wer „Ich" sagt, hat damit „Du" gesagt. Und wer meint, von „Ich" ohne „Du" reden zu wollen, der entfremdet sich von sich selbst. Die Haltung der Pluralität ist letztendlich eine Haltung der Freiheit. Denn der Mensch kann nur frei sein, wenn er die Freiheit des anderen bejaht und sich dem anderen öffnet. Verschließt er sich aber, beraubt er sich seiner eigenen Freiheit. In „Die Zeit bedenken" schreibt Vilém Flusser: „Möglichkeiten erweitern sich, wenn ich den anderen in meine Zeit einbeziehe, d. h. wenn ich ihn anerkenne und liebe (…) ich bin nicht allein auf der Welt, sondern andere sind auch dort (…) Indem ich meine eigene Zukunft dem anderen zur Verfügung stelle, verfüge ich über die seine."

Es hängt von unserer Sichtweise ab, ob wir im „Anderen" das Fremde oder das Neue erkennen wollen. Sind wir bereit, auf dieses „Andere" zuzugehen oder ziehen wir uns ins „Eigene" zurück? Die Geschichte lehrt uns, dass das Dasein des Eigenen erst durch die Ankunft des Anderen möglich ist.

Ungläubige

> Denn wenn Heiden, die das Gesetz nicht haben, von Natur aus das tun, was im Gesetz gefordert ist, so sind sie, die das Gesetz nicht haben, sich selbst Gesetz. Sie zeigen damit, dass ihnen die Forderung des Gesetzes ins Herz geschrieben ist; ihr Gewissen legt Zeugnis davon ab (…)
>
> **Bibel, Röm 2,14.15a**

„Es muss eine ethische Weltregierung geschaffen werden, die universal und solidarisch ist.“ Diese Forderung stellt nicht etwa ein Papst auf, sondern die französische Philosophin, Literaturtheoretikerin und Psychoanalytikerin Julia Kristeva. Als Vertreterin von Agnostikern und bekennenden Atheisten hatte Papst Benedikt XVI. sie 2011 zum Friedensgebet in Assisi eingeladen, wo sie ihre lesenswerten „Zehn Prinzipien für einen Humanismus im 21. Jahrhundert“ vortrug.

Der Papst hätte sich bei seiner Einladung zum Dialog mit Menschen, die nicht in einem religiösen Sinne glauben können oder wollen, zu Recht auch auf die oben zitierten Verse aus dem Römerbrief berufen können. Paulus, der sie 55/56 n. Chr. schreibt und damit in der Metropole des römischen Imperiums um Sympathie wirbt, kann von päpstlichen Dialoginitiativen zwar noch nichts wissen. Allerdings ist gerade der „Apostel der Völker“ mit einer pluralen religiösen Umgebung vertraut.

Zwischen Diasporajudentum, heidnischen Götterkulten und unterschiedlichen philosophischen Strömungen seiner Zeit sucht Paulus nach einem Weg für das von ihm verkündete Evangelium Jesu Christi. In seinen Augen ist es die einzige Heilschance für alle Menschen, seien es nun die „Menschen aus der Völkerwelt“, die Heiden, oder die Juden. In Kapitel 1 hat er daher die typische Kritik des Diasporajudentums an den „verblendeten Heiden“ aufgegriffen, die den wahren und einzigen Gott nicht erkennen und vergängliche Götzenbilder verehren. Ihnen gilt das Gericht Gottes. Doch bevor sich angesichts dieses Szenarios zufriedene Selbstgerechtigkeit seitens aller – jüdischen – Frommen einstellen will, macht Paulus in Kapitel 2 deutlich: Der Besitz der Tora, des jüdischen Gesetzes, ist keine Heilsgarantie. Es reicht nicht aus, das im Gesetz enthaltene Gute zu hören, man muss das Gute auch tun! (Röm 2,13) Dabei gibt es Menschen aus der Völkerwelt, die durchaus mit den gesetzestreuesten Juden mithalten können, ohne die Tora überhaupt zu kennen!

Paulus greift an dieser Stelle eine Einsicht auf, die sich schon bei den Pythagoräern und Sophisten, namentlich auch bei Plato und Aristoteles, findet. Sie alle gehen davon aus, dass neben den von Menschen oder von Gott gemachten Gesetzen ein „Gesetz von Natur aus“ (griech. physei, φύσει) existiert. Jeder Mensch – unabhängig von Glaube und Herkunft – kann es kraft seiner Vernunft in seinem Inneren vorfinden, weil dieses Gesetz Teil einer vernünftig geordneten Schöpfung ist. In diese kann und soll sich der Mensch einfügen, indem er mithilfe seines Gewissens das Böse meidet und nach dem Guten strebt. Aristoteles formuliert das in seiner „Nikomachischen Ethik“ so: „Der feine und großzügige Mensch wird sich also, wie wir es beschrieben haben, benehmen. Er ist sich gleichsam selbst Gesetz.“

Die Rede vom natürlichen (Sitten-)Gesetz und die Lehre vom Gewissen haben in der christlichen Tradition eine eindrucksvolle Karriere gemacht: Beide haben dem Brückenschlag des Christentums zu allen Menschen den Weg bereitet, insofern sie von ihrem Grundgedanken her allen Menschen – auch Nichtchristen und Atheisten – die Erkenntnis und die Umsetzung des Guten grundsätzlich zutrauen. Auch wenn die immer wieder neue Verkündigung des Evangeliums Aufgabe bleibt, gilt dennoch frei nach Paulus: Die Frommen dieser Welt haben das Gute und die Ethik nicht für sich gepachtet. Am Ende des Tages gilt – unabhängig von religiöser und weltanschaulicher Zugehörigkeit – für alle gleichermaßen: „An ihren Früchten werdet ihr sie erkennen!“ (Mt 7,16)

> Wer außer Gott noch eine andere Gottheit anruft, für die er keinen Beweis beibringen kann, für den gibt es die Abrechnung bei seinem Herrn. Siehe, den „Ungläubigen“ (arab. „Kafirun“) wird es nicht wohlergehen.
>
> **Koran, Sure 23:117**

Das arabische Wort, das in den meisten Koranübersetzungen mit dem Begriff „Ungläubige“ übersetzt wird, lautet „Kafir“, Plural „Kuffar/Kafirun“. Dabei handelt sich nicht um eine präzise Übersetzung des arabischen Begriffs, denn dieser leitet sich aus dem Begriff „Kufr“ ab, welcher ebenfalls sehr oft mit „Unglaube“ übersetzt wird. Allerdings bedeutet Kufr im Arabischen „die schon erkannte Wahrheit verdecken/leugnen“. Einige deutsche Koranübersetzungen, wie die von Muhammad Asad, übersetzen das Wort richtig mit „Leugnen/Leugner“. Dieser Begriff des Leugnens bezieht sich im Koran nicht immer auf eine religiöse Dimension, sondern – vor allem in der medinensischen Phase (also ab 622) – auch auf eine politische Dimension.

In dem hier erwähnten Vers aus Sure 23 handelt es sich um einen mekkanischen Vers. Dieser bezieht sich auf eine Diskussion zwischen dem Propheten und einem Mekkaner, der neben Gott weitere Götzen angebetet hat und als Begründung dafür angab, er wolle Gott im Himmel damit danken, indem er ihm andere Götter beigeselle. Als der Prophet ihn fragte, ob diese weiteren Götter imstande seien, etwas in der Welt zu bewirken, verneint er dies. Seinen Mehr-Gott-Glauben konnte er rational nicht verteidigen, denn bei der Vielgötterei, die unter den Mekkanern stark verbreitet war, handelte es sich um ein unreflektiert übernommenes kulturelles Erbe. Daher verwendet der Koran in seinen Auseinandersetzungen mit den Mekkanern den Vorwurf des Leugnens der Wahrheit, weil diese trotz der Erkenntnis, dass ihre Götzen nichts bewirken können, Gott als alleinigen Schöpfergott nicht anerkennen.

In Medina steht die politische Dimension dieses Begriffs stärker im Vordergrund der koranischen Kritik an den Gegnern Muhammads. Zum Beispiel heißt es in der Sure 2:190 und 191: „Kämpft auf dem Wege Gottes gegen die, die euch bekämpfen! Doch begeht dabei keine Übertretungen! (…) Tötet sie, wo immer ihr sie antrefft, und vertreibt sie, von wo sie euch vertrieben haben! (…) Und wenn sie gegen euch kämpfen, dann tötet sie! Genauso ist der Lohn der ‚Ungläubigen'." Hier handelt es sich um einen kriegerischen Konflikt mit den Gegnern Muhammads, die offensichtlich ihn und seine Gemeinde angegriffen und vertrieben haben. Diese werden als „Kafirun" bezeichnet. Dabei handelt es sich aber nicht um eine Differenz in der Religionszugehörigkeit, sondern um eine politische Differenz, die zum Krieg geführt hat. Im Koran treffen wir auf einige solche Beispiele der Anwendung des Begriffs in seiner politischen Dimension.

Die traditionelle Exegese, die sich ab dem 9. Jahrhundert zu etablieren begann, macht jedoch keinen Unterschied zwischen der religiösen und der politischen Dimension des Begriffs „Kufr" und tendiert stark dazu, ihn in seiner religiösen Prägung zu verwenden. Dies führte später dazu, dass er als pauschale Bezeichnung für alle Nichtmuslime verwendet wurde – mit der Konsequenz, dass die koranische Kritik an den „Kafirun" als pauschale Kritik an allen Nichtmuslimen gelesen wird.

Heute bemühen sich immer mehr Exegeten, den Begriff „Kufr" im Sinne des Leugnens einer zuvor eingesehenen religiösen oder auch nicht religiösen Wahrheit zu interpretieren, und sind bemüht, Kriterien zu erstellen, die eine Pauschalierung vermeiden. Ein Beispiel für solche Kriterien ist die Festlegung bestimmter Voraussetzungen, um in religiöser Hinsicht als „Kafir" bezeichnet zu werden: Derjenige müsse zunächst von der Wahrheit der islamischen Botschaft überzeugt sein und diese persönlich dennoch aus Eigennutz ablehnen und die Muslime aktiv bekämpfen. In diesem Fall könne man von einem Kafir/Leugner sprechen.

Juden

Denn ich will euch, Brüder und Schwestern, nicht in Unkenntnis über dieses Geheimnis lassen, damit ihr euch nicht selbst für klug haltet: Verstockung liegt auf einem Teil Israels, bis die Vollzahl der Heiden hereingekommen ist, und so wird ganz Israel gerettet werden, wie es geschrieben steht: Es wird kommen aus Zion der Retter, er wird alle Gottlosigkeit von Jakob entfernen. Und das ist der Bund, den ich für sie gestiftet habe, wenn ich ihre Sünden hinwegnehme.

Bibel, Röm 11,25–27

Paulus dürfte den Brief an die römischen Christusgläubigen im Winter oder Frühjahr 55/56 n. Chr. in Korinth geschrieben haben. Dort schmiedet er Reisepläne: Zunächst möchte er nach Jerusalem, dann nach Rom und weiter nach Spanien. In Rom erwarten ihn überwiegend Christen nichtjüdischer Abstammung, die jedoch „etwas vom Gesetz verstehen" (Röm 7,1) und sich noch im Einflussbereich der jüdischen Synagoge befinden. In der brisanten Auseinanderentwicklung von Christentum und Judentum versucht Paulus – selbst Christ und jüdischer Schriftgelehrter –, Fanatikern auf beiden Seiten den Wind aus den Segeln zu nehmen.

Paulus ist Realist: Auf der einen Seite muss er feststellen, dass ein erheblicher Teil der Juden das von ihm verkündete Evangelium von Jesus Christus nicht angenommen hat. Auf der anderen Seite ist es für Paulus als frommen Juden undenkbar, dass Gott seine Verheißung, am Ende der Zeiten ganz Israel zu retten, jemals zurücknehmen würde. Daher warnt er die Christusgläubigen in Rom vor Überheblichkeit („damit ihr euch nicht selbst für klug haltet", Vers 25a) und erinnert sie an zwei Stellen aus dem alttestamentlichen Buch Jesaja: Gott sendet einen Erlöser für Zion (Jes

59,20) und beseitigt Israels Sünde (Jes 27,9). Egal was geschieht, Gott wird zu seinem Wort stehen und sein erwähltes Volk immer lieben (Vers 28). Möglicherweise zitiert Paulus hier eine rabbinische Aussage: „Jedwedes Wort und Wort, das aus dem Mund des Heiligen, gesegnet er, zum Guten hervorgeht, selbst wenn es auf Bedingung hin erfolgte – keins davon widerruft er."

Die Tatsache, dass zumindest ein Teil der Juden die Botschaft von Jesus Christus als dem Messias ignoriert, kann Paulus nur als zeitlich befristete Verhärtung durch Gott selbst begreifen, sozusagen als Teil eines göttlichen Plans für die Gegenwart. In der Zukunft werden alle, Christen wie Juden, in das Erbarmen Gottes mit eingeschlossen sein. Die Rettung des Gottesvolks stand und steht also außer Frage.

Eine (Zwangs-)Missionierung der Juden durch Christen, noch dazu, wie jahrhundertelang geschehen, durch Hass, Gewalt und Vernichtung in Pogromen und endgültig in der Schoah, kann sich nicht auf das Neue Testament berufen. Vielmehr hat Papst Franziskus in seinem Apostolischen Schreiben „Evangelii gaudium" 2013 erklärt: „Als Christen können wir das Judentum nicht als eine fremde Religion ansehen (…) Der Dialog und die Freundschaft mit den Kindern Israels gehören zum Leben der Jünger Jesu. Die Zuneigung, die sich entwickelt hat, lässt uns die schrecklichen Verfolgungen, denen die Juden ausgesetzt waren und sind, aufrichtig und bitter bedauern, besonders, wenn Christen darin verwickelt waren und sind (…) Gott wirkt weiterhin im Volk des Alten Bundes." (EG 247–249)

Diese Worte bedeuten auch, dass die Kirche die Synagoge nicht ersetzt und der alte Sinai-Bund Gottes mit seinem Volk durch den neuen Christus-Bund nicht überflüssig geworden ist. Erst 2018 ist durch den emeritierten Papst Benedikt XVI. eine heftige theologische Diskussion neu entfacht worden, wie man sich in einem ergebnisoffenen Dialog zwischen Juden und Christen über Jesus

Christus als Wort Gottes, als Logos, zu verständigen habe – auf Augenhöhe und ohne verdeckte Missionstendenzen. Wie auch immer der Disput ausgehen wird, die Warnung von Paulus vor christlichem Triumphalismus, der von sich glaubt, die Wahrheit gepachtet zu haben, ist aktueller denn je.

> Und die Juden sagen: „Gottes Hand ist gefesselt [er sei geizig]". Gefesselt sollen ihre Hände sein und sie selbst verflucht ob dessen, was sie sagen!
>
> **Koran, Sure 5:64**
>
> Diejenigen, die dem Judentum angehören, (…) und alle, die an Gott und den Jüngsten Tag glauben und tun, was recht ist, brauchen [wegen des Gerichts] keine Angst zu haben.
>
> **Koran, Sure 5:69**

Betrachtet man die Aussagen des Korans über Juden und Christen, die beide im Koran oft als „Leute der Schrift" bezeichnet werden, dann stößt man auf unterschiedliche Positionen. Man wird dort keine einheitlichen Aussagen finden, die klar festlegen, wie sich der Koran den Juden und Christen gegenüber positioniert. Welchen Grund hat dies und wie gehen wir heute mit solchen unterschiedlichen Positionen um?

Der Koran wurde diskursiv offenbart; der Text ist das Resultat von Dialog, Debatte, Argumentation, Annahme und Zurückweisung. Daher sind im Koran unterschiedliche Möglichkeiten beschrieben, je nachdem welcher gesellschaftliche und politische Wandel sich inzwischen vollzogen hatte. Die unterschiedlichen koranischen Positionen zu anderen Religionen spiegeln daher unterschiedliche gesellschaftliche und politische Entwicklungsprozesse, die aufs Engste mit den Erfahrungen der muslimischen Gemeinschaft des siebten Jahrhunderts in Mekka und Medina verbunden sind. Dementsprechend ergibt sich kein einheitliches, sondern ein ambivalentes Bild des Verhältnisses zu anderen Religionen. „Es wäre aber falsch", so stellt Johan Bouman in seinem Buch „Gott und Mensch im Koran" fest, „alle diese ambivalenten Aussagen gleichrangig zu bewerten, denn ihr historischer Entwicklungsgang hat sie in eine bestimmte, theologisch qualifizierte Perspektive gebracht."

Der oben erwähnte Vers 64 aus der fünften Sure bezieht sich, wenn man ihn in seinem historischen und intertextuellen Zusammenhang liest, nicht auf alle Juden, denn nur ein paar Verse davor erklärt der Koran, um wen es sich hier handelt: um diejenigen, die Muhammad und seine Anhänger verspottet und geschmäht haben (Vers 57), sich über das muslimische Gebet lustig gemacht haben (Vers 58), Groll gegen die Anhänger Muhammads hatten (Vers 59), Muhammad Loyalität vorgetäuscht (oder vorgespielt) haben (Vers 61), die Sünden, Feindseligkeit und Verzehren von unrechtem Gut begangen haben (Vers 62) usw. Es wird überliefert, dass es sich hier konkret um zwei Männer jüdischen Glaubens handelt, die mit Spott über Gott und Muhammad nicht gespart haben. Im obigen Vers sind die wütenden Worte Muhammads, durch die Gott seine Ermahnung offenbart, zu lesen.

Viele klassische Gelehrte des Islams wie Tabari (gest. 923) lesen allerdings solche antijüdischen Verse als pauschale Kritik an Juden. Eine solche Lesart ist stark selektiv, denn es gibt andere Verse im Koran, die den Juden und auch den Christen sogar die ewige Glückseligkeit versprechen. So steht es auch in der 5. Sure, in der die Juden zunächst in Vers 64 kritisiert werden, es dann aber in Vers 69 heißt: „Die Muslime, und diejenigen, die dem Judentum angehören, und die Sabier und die Christen, – alle die, die an Gott und den Jüngsten Tag glauben und tun, was recht ist, brauchen (wegen des Gerichts) keine Angst zu haben, und sie werden (nach der Abrechnung am Jüngsten Tag) nicht traurig sein."

Als Muhammad im Jahre 622 von Mekka nach Medina ausgewandert ist, schloss er den berühmten Vertrag von Medina, in dem er den Juden als Teil einer gemeinsamen Umma (Gemeinschaft) dieselben Rechte wie den Muslimen gab. Bis zum Zerfall des Reiches blieben die osmanischen Juden meist treue Patrioten. In Wirtschaft, Politik und Kultur waren Juden, Christen und Muslime eng verbunden.

Staat

> Jeder ordne sich den Trägern der staatlichen Gewalt unter. Denn es gibt keine staatliche Gewalt außer von Gott.
>
> **Bibel, Röm 13,1**
>
> So gebt dem Kaiser, was dem Kaiser gehört, und Gott, was Gott gehört!
>
> **Bibel, Mk 12,17**

Das Zitat aus dem Brief des Apostels Paulus an die Römer mag als Kniefall vor der – weltlichen – Macht des Staates erscheinen. Es ist aber dem Missionsvorhaben des Paulus geschuldet: Gerade im Machtzentrum des römischen Kaisers mahnt er die Christusgläubigen, dem Verdacht entgegenzuwirken, dass mit der Botschaft des Evangeliums gewissermaßen die politische Anarchie in Rom einziehe – immerhin war Jesus höchstwahrscheinlich in seinen Anfangszeiten ein Anhänger Johannes des Täufers, der den Repräsentanten Roms, Herodes Antipas, öffentlich kritisiert hatte und danach wegen der Gefahr des „Aufruhrs" hingerichtet worden war. Auch Jesus selbst war mit seiner Botschaft vom anbrechenden Reich Gottes keineswegs politisch unverdächtig, obgleich er im Streitgespräch mit den Pharisäern den Anspruch der weltlichen Ordnungsmacht grundsätzlich anerkannt hatte. Gleichzeitig hatte er sie aber auch relativiert: Dem Kaiser gebühren zwar Steuern, aber keine göttliche Verehrung, wie sie ihm im Kaiserkult erwiesen wurde. „So gebt dem Kaiser, was dem Kaiser gehört, und Gott, was Gott gehört!" (Mk 12,17)

Dementsprechend formuliert nun auch Paulus: Die Inhaber staatlicher Macht haben als Diener Gottes für das Gute zu sorgen und das Böse zu unterbinden (Röm 13,3). Diese Ordnungsfunktion der Staatsmacht werden Christen und Christinnen unterstützen, und zwar „nicht allein um der Strafe, sondern auch um des Gewissens willen" (Röm 13,5). „Good governance" wird anerkannt und mitgetragen, auch in Zeiten coronabedingter zeitweiliger Einschränkung der Freiheitsrechte des/der Einzelnen. Gleichzeitig relativiert der Verweis auf das Gewissen die geforderte Unterordnung unter den Staat: Einem Unrechtsstaat bzw. einem Staat, der seine Befugnisse überschreitet, darf der Gehorsam verweigert werden. Auch wenn das Neue Testament keine einheitliche Staatstheorie entwickelt hat, ist damit eine Grenze gezogen, die allerdings im Lauf der Geschichte immer wieder neu markiert werden musste.

So wurde aus dem verfolgten Christentum eine Staatsreligion, die ihrerseits totalitäre Machtansprüche erhob – so geschehen im Mittelalter, wo Bonifatius VIII. in der Bulle „Unam Sanctam" (1302) auch die weltliche Gewalt der Herrschaft des Papstes in Rom unterstellte. Gegen solche Anmaßung erhob 200 Jahre später Martin Luther Einspruch, wiederum unter Berufung auf Röm 13,1–7: In seiner „Obrigkeitsschrift" (1523) unterschied er zwei Arten der Herrschaftsausübung Gottes: Im „geistlichen Reich", das auf das ewige Leben abzielt, regiert Gott mit dem Evangelium. Im „weltlichen Reich", in dem es um die Wahrung des äußeren Friedens geht, bedient Gott sich der staatlichen Obrigkeit, die in seinem Auftrag das Recht durchsetzt. Damit war einerseits die Idee der Eigengesetzlichkeit des Staates gestärkt und die Säkularisierung eingeläutet. Andererseits sollte sich genau die Zwei-Reiche-Lehre Luthers im 20. Jahrhundert als anfällig für blinden Gehorsam gegenüber dem NS-Staat erweisen. Mit Hinweis auf Röm 13 verlangten nicht nur lutherische Theologen Unterordnung unter den angeblich von Gott bestellten Führer.

Im Bewusstsein solcher Interpretationen erscheint der Verweis auf das Gewissen des/der Einzelnen heute dringlicher denn je.

Dem staatlich garantierten Recht auf Gewissensfreiheit korrespondiert die Pflicht aller Christenmenschen, wachsam zu bleiben und ihr Gewissen gegenüber dem Staat bei Bedarf auch zu benutzen.

> Ihr, die ihr glaubt! Gehorcht Gott, und gehorcht dem Gesandten und denen unter euch, die Weisungsgewalt (arab. „Uli al-Amr") besitzen! Wenn ihr über etwas streitet, dann bringt es vor Gott und den Gesandten, falls ihr an Gott und den Jüngsten Tag glaubt! Das ist besser und kommt zu besserem Ende.
>
> **Koran, Sure 4:59**

Vers 4:59 gilt heute vielleicht als der politisch relevanteste Koranvers, der zur Begründung von Machtstrukturen und autoritären Herrschern herhalten muss. Eigentlich trifft der Koran keine eindeutigen Aussagen zum Verhältnis zwischen Staat und Religion bzw. zwischen Herrschern und Volk. Gelehrte, die dennoch im Koran eine Grundlage für die Unterwerfung unter autoritäre Herrscher lesen wollen, berufen sich auf diesen Vers. Sie sind dabei auf eigene Auslegungen angewiesen. Denn der Vers ruft auf, nicht nur Gott und dem Propheten zu gehorchen, sondern auch denen, die „Weisungsgewalt besitzen". Im Arabischen lautet die Bezeichnung für die, die Weisungsgewalt besitzen, „Uli al-Amr". Das bezieht sich aber weder auf Kalifen noch auf bestimmte Machthaber, sondern auf eine zur Zeit Muhammads stattgefundene Auseinandersetzung zwischen dem Befehlshaber einer Armee und einem Soldaten, der den Anweisungen nicht folgen wollte.

Später legten die klassischen Exegeten diesen Vers im Sinne eines grundsätzlichen Gehorsams gegenüber den Kalifen und Machthabern aus. Das hat sich bis heute durchgesetzt. Wenn heute zum Beispiel in Saudi-Arabien Gelehrte ihre Unterstützung des saudischen Königs bzw. des Kronprinzen Muhammad Ibn Salman auch in Sachverhalten zum Ausdruck bringen wollen, die vielleicht aus der religiösen Sicht dieser Gelehrten nicht ganz unproblematisch sind – etwa die Eröffnung von Tanzlokalen oder das Wegfallen der Kopftuchpflicht in öffentlichen Räumen –, dann lautet ihr Hauptargument: „Gott hat uns befohlen, unseren Herrschern zu gehorchen, daher ist es ein religiöses Gebot, zu tun, was sie anordnen." So wird jede oppositionelle politische Haltung als Zurückweisung von Gottes Wort und somit als Unglaube verurteilt. Auf diese Weise sichern sich autoritäre Herrscher im Namen Gottes absoluten Gehorsam.

Da der Koran, wie erwähnt, weiter nichts Konkretes zum Verhältnis von Staat und Religion sagt, mussten sich Gelehrte, die die autoritären Herrscher unterstützen wollten, auf unterschiedliche Aussagen des Propheten Muhammad (Hadithe) berufen. Doch gerade Aussagen zum Thema Herrschaft wurden Muhammad meist erst nach seinem Tode in den Mund gelegt. So soll er unter anderem gesagt haben: „Wer mir gehorcht, hat Gott gehorcht, und wer dem Machthaber gehorcht, der hat mir gehorcht, und wer mir widerspricht, der hat Gott widersprochen, und wer dem Machthaber widerspricht, der hat mir widersprochen."

Einige moderne Exegeten beziehen das Gehorsamsgebot auf die Verwaltungstätigkeit des Propheten und der von ihm eingesetzten Beamten und lesen es keineswegs als politische Aussage im Sinne der Unterwerfung unter die Herrschaft des Propheten bzw. seiner Beamten. Diese Exegeten sehen in Muhammad kein Staatsoberhaupt der Gemeinde. Diese Rolle sei eine im Interesse autoritärer Kalifen veranlasste spätere Zuschreibung, um deren Machtansprüche zu legitimieren. Muhammad sei aber nur Prophet gewesen und kein Staatsoberhaupt. Er habe lediglich einige Verwaltungstätigkeiten seiner Gemeinde erledigt, jedoch keineswegs die Herrschaft angestrebt.

Alle anderen Narrative, die in Muhammad gleichzeitig einen Propheten und einen Politiker sehen, wollen aus dem Islam eine Art Staatsreligion machen, in der Religion und Staat untrennbar sind. Vertreter des politischen Islams wie die Muslimbruderschaft propagieren eine Ideologie, die Religion und Staat gleichsetzt. Muhammad, der Prophet und zugleich Politiker gewesen sein soll, gilt ihnen als Vorbild.

Macht

Denn unsere Heimat ist im Himmel. Von dorther erwarten wir auch Jesus Christus, den Herrn, als Retter, der unseren armseligen Leib verwandeln wird in die Gestalt seines verherrlichten Leibes, in der Kraft, mit der er sich auch alles unterwerfen kann.

Bibel, Phil 3,20

Als der Apostel Paulus die obigen Zeilen an die Gemeinde in der römischen Kolonialstadt Philippi in Mazedonien schreibt, befindet er sich in Hausarrest, vermutlich in Rom. Er muss mit der Todesstrafe rechnen. Und so schreibt er an die erste Gemeinde auf europäischem Boden, dass er nicht aus politischen, sondern aus rein religiösen Gründen vor Gericht stehe, „um Christi willen" (Phil 1,13). Jesus selbst, auf den sich Paulus beruft, hat bei seinem eigenen Prozess darauf bestanden, dass sein Reich nicht von dieser Welt sei (Joh 18,36). Zwar kannte Paulus das Evangelium nach Johannes nicht, denn es wurde erst nach seinem Tod verfasst. Dennoch ist für ihn die Botschaft Jesu klar: Mit politischer Machtausübung oder gar Eroberungsfeldzügen hat die Lehre des jüdischen Rabbis und Reformers Jesus vom Anbruch der Königsherrschaft Gottes nichts zu tun.

Daher betont Paulus, dass das „Gemeinwesen" (griech „politeuma", πολίτευμα, übersetzt mit „Heimat") der Anhängerinnen und Anhänger Jesu Christi im Himmel sei. Ihre Retter sind nicht die seit Augustus (63 v. Chr. bis 14 n. Chr.) als „Sohn Gottes" verehrten römischen Kaiser, denen mit Opfern und Prozessionen als „Friedensbringer" und „Zeitenwender" gehuldigt wird, sondern allein Jesus Christus. Dessen Anhängerinnen und Anhänger sind nur „Gast auf Erden", Fremde sogar.

Doch genau diese machtpolitische Abstinenz macht die frühen Christinnen und Christen verdächtig. Stammt ihr Anführer nicht aus dem chronisch unruhigen Galiläa mit seinen bewaffneten zelotischen Widerstandszellen? Stand nicht der eine oder andere seiner Anhänger diesen Rebellen nahe? War Jesus nicht nach Jerusalem gezogen und hatte mit seiner Kritik am klerikalen Establishment des Tempels die höchsten religiösen jüdischen Autoritäten provoziert?

Zwar verglich Jesus selbst Gottes Reich mit einer Saat oder einem Senfkorn (Mk 4,26–29.30–32), die ausschließlich durch die Initiative Gottes wachsen, nicht durch die Macht von Menschen und schon gar nicht durch militärische Gewalt. Doch spätestens die symbolische Sammlung der zwölf Stämme Israels und Jesu vehemente Tempelkritik konnten auch als politische Kampfansage gedeutet werden. Jesu schnelle Hinrichtung lag somit im Interesse von römischen und jüdischen Autoritäten gleichermaßen.

Überlebenswichtig für die frühchristlichen Gemeinden ist daher die Beteuerung des Apostels Paulus, dass Jesusnachfolge zwar „Himmelsbürgerschaft" und kritische Distanz zu weltlicher Herrschaft beinhalte, aber keine Illoyalität oder gar Rebellion. So ermahnt er in Röm 13,1–7 die Christgläubigen nachdrücklich, dass sie brave Steuerzahler und gehorsame Untertanen des Kaisers sein sollten – so wie schon Jesus gesagt hatte: „Gebt dem Kaiser, was dem Kaiser gehört, und Gott, was Gott gehört!" (Mt 22,21)

Augustinus greift das im 5. Jahrhundert n. Chr. in seinem Werk über den Gottesstaat – „De civitate Dei contra Paganos" – wieder auf: Christgläubige leben zwar in der irdischen Welt (Civitas terrena), sind aber nur Durchreisende auf dem Weg in die wahre Heimat, den Gottesstaat (Civitas Dei). Im Laufe der Geschichte geht diese spirituell-religiöse Vision oft genug in blutigen Kämpfen um die Durchsetzung machtpolitischer Interessen im Namen Jesu Christi unter. Erst die Aufklärung beendet mit der Trennung von

Staat und Kirche die politische Instrumentalisierung des Christentums – zumindest theoretisch und idealerweise, wenn nicht ein „christlicher“ Präsident – wie 2001 geschehen – den „Krieg gegen den Terror“ ausruft.

> So fürchtet nicht die Menschen, sondern mich! Verkauft nicht meine Zeichen zu geringem Preis! Wer nicht danach richtet, was Gott herabgesandt hat, das sind die Ungläubigen.
>
> **Koran, Sure 5:44**

Mit Sure 5, Vers 44 argumentieren Islamisten, dass der Islam nicht mit der freiheitlich-demokratischen Grundordnung vereinbar sei. Denn es gelte nur das Gesetz Gottes, das er herabgesandt habe. Die Scharia sei die einzig legitime Gesellschaftsordnung und nicht verhandelbare Norm. Die von Menschen gesetzten Normen wie Menschenrechte müssten durch Scharia-Normen ersetzt werden. So argumentieren u. a. die Taliban in Afghanistan.

Der Vers steht aber in einem völlig anderen historischen Kontext jenseits von Macht und Herrschaft. Die fünfte Sure ist in der Chronologie der Verkündigung des Korans die letzte, wurde also kurz vor dem Tod Muhammads verkündet. Der Vers richtet sich an diejenigen Juden in Medina, die die ethische Botschaft der Tora ignorieren. Der Vers beginnt mit der Erinnerung: „Wir [Gott] haben die Tora hinabgesandt. In ihr sind Führung und Licht, damit sowohl die Propheten, die für die Juden entsandt wurden, als auch die Rabbinen und die Schriftgelehrten nach dem richten, was ihnen von Gottes Schrift anvertraut wurde. Sie waren davon Zeugen.“

Der nächste Vers warnt vor einer unverhältnismäßig hohen Reaktion: „Wir haben ihnen darin vorgeschrieben: Leben um Leben,

Auge um Auge, Nase um Nase, Ohr um Ohr, Zahn um Zahn …" Der Koran appelliert anschließend: „Doch wenn jemand vergibt, dann ist das für ihn Sühne. Die nicht nach dem richten, was Gott herabgesandt hat, die tun Unrecht." Der Koran kritisiert hier übertriebene Vergeltungsaktionen und ruft zur Vergebung auf. Es ging darum, den Rachegeist zu begrenzen und das Ungleichgewicht von Vergehen und Strafe einzudämmen.

Im Laufe der Zeit wurde der historische Kontext dieses Verses immer stärker ignoriert. Schon 661, wenige Jahre nach dem Tod Muhammads, gelangten Herrscher an die Macht, die das Kalifat in eine Art Monarchie verwandelten. Der Kalif wurde nicht mehr mit dem Einverständnis des Volkes gewählt oder ernannt, wie es bei den ersten vier Kalifen der Fall war, sondern das Amt unterlag nun einer Erbfolge oder wurde durch Gewalt, Krieg und Eroberungen erkämpft. Diese vom Volk nicht legitimierte Herrschaft berief sich auf eine göttliche Legitimation, denn man wolle Gottes Gesetz überall gelten lassen.

Islamistische Bewegungen wie die Muslimbruderschaft (gegründet 1928) stellen heute einen ähnlichen Anspruch. Sie streben die Herrschaft über die Welt an, um das für sie einzig gültige Gesetz, die Scharia, walten zu lassen. So wird aus der islamischen Botschaft der Freiheit und Selbstbestimmung eine der Unterwerfung und Fremdbestimmung und aus der Botschaft der Mündigkeit eine der Bevormundung. Darin sehe ich einen Verrat am Islam, denn angestrebt ist hier die politische Herrschaft, der Islam dient nur als Legitimation, als Mittel zum Zweck.

Daher wird die von Islamisten verwendete Deutung des oben angeführten Verses dem koranischen Befund in keinem Falle gerecht, sondern stellt eine Verzerrung, ja böswillige Verdrehung ihres wahren Sinnes dar. Die koranische Rede vom Richten durch Gott verstehe ich als metaphorische Rede. Sie will ethisch dafür sensibilisieren, dass jeder Mensch die Konsequenzen seines Handelns selbst verantworten wird. Gott geht es um Gerechtigkeit. Das ist sein Gesetz, seine nicht verhandelbare Grenze. Es geht nicht um Rechtssätze, um Scharia, sondern um eine ethisch gerechte Gesellschaftsordnung.

Der Verkünder des Korans wollte zu Verantwortung erziehen, leichtfertige Täter abschrecken, die Hoffnung auf Gottes Gerechtigkeit stärken und Wege zum Gewaltverzicht eröffnen.

Dank

Autorin Angelika Walser – unterstützt von Marlies Gielen – und Autor Mouhanad Khorchide ist für ihre zeitgemäße und verständliche Auslegung von Bibel und Koran zu danken.

Ihre Kolumnen zu Lebens- und Glaubensfragen in den „Salzburger Nachrichten" hat Eigentümer und Herausgeber Max Dasch persönlich angeregt. Ihm gilt der Dank dafür, dass sich eine Tageszeitung der Herausforderung stellt, Bibel und Koran wissenschaftlich fundiert für ein breites Publikum aufzubereiten. Chefredakteur Manfred Perterer und Ressortleiter Christian Resch sorgen dafür, dass die Texte regelmäßig in der Wochenend-Beilage der „Salzburger Nachrichten" erscheinen.

Verlagsleiter Gottfried Kompatscher und das Team von Tyrolia haben die Idee zu diesem Buch spontan aufgegriffen und „Bibel trifft Koran" umgehend auf den Weg gebracht. Vielen Dank dafür!

Möge das Buch zur Diskussion und zum Aufeinander-Zugehen anregen!

Josef Bruckmoser

Verwendete Abkürzungen der biblischen Bücher

Altes Testament

Gen	Das Buch Genesis
Ex	Das Buch Exodus
Lev	Das Buch Levitikus
Dtn	Das Buch Deuteronomium
Jos	Das Buch Josua
Ijob	Das Buch Ijob
Ps	Die Psalmen
Spr	Das Buch der Sprichwörter
Weish	Das Buch der Weisheit
Jes	Das Buch Jesaja
Dan	Das Buch Daniel
Hos	Der Prophet Hosea
Joël	Der Prophet Joël
Mi	Der Prophet Micha

Neues Testament

Mt	Das Evangelium nach Matthäus
Mk	Das Evangelium nach Markus
Lk	Das Evangelium nach Lukas
Joh	Das Evangelium nach Johannes
Apg	Die Apostelgeschichte
Röm	Der Brief an die Römer
1 Kor	Der erste Brief an die Korinther
Gal	Der Brief an die Galater
Hebr	Der Brief an die Hebräer
Jak	Der Brief des Jakobus
Phil	Der Brief an die Philipper
Kol	Der Brief an die Kolosser
2 Petr	Der zweite Brief des Petrus
Offb	Die Offenbarung des Johannes

Verwendete griechische Wörter

S. 15:	ouranos	οὐρανός (Himmel, Luftraum)
S. 20:	abyssos	ἄβυσσος (bodenlos/unergründlich, Abgrund/Hölle)
S. 20:	hades	ᾅδης (Name des Unterweltgottes; daher auch: Unterwelt, Totenreich)
S. 36:	progignōskō	προγιγνώσκω (im Voraus erkennen, vorauswissen)
S. 37:	pronoeō	προνοέω (vorher bemerken/überlegen, Sorge tragen)
S. 37:	logos	λόγος (Rede, Wort)
S. 51:	eirēnē	εἰρήνη (Friede)
S. 52:	nomoi	νόμοι ([Nom. Pl. v. νόμος] Bräuche/Sitten, Gesetze)
S. 57:	sēmeia	σημεῖα ([Nom. Pl. v. σημεῖον] Zeichen, Merkmale)
S. 57:	dynameis	δυνάμεις ([Nom. Pl. v. δύναμις] Kraft/Gewalt/Macht, Vermögen)
S. 62:	syneidēsis	συνείδησις (Mitwissen, Bewusstsein, Gewissen)
S. 73:	agapē	ἀγάπη ([Nächsten-]Liebe)
S. 82:	lytron	λύτρον (Lösungsmittel, Sühnungsmittel, Lösegeld)
S. 82:	lyo	λύω ([er-]lösen, befreien, trennen, beseitigen)
S. 82:	rhyomai	ῥύομαι (retten, bewahren, beschützen, erlösen, befreien)
S. 83:	sōtēr	σωτήρ (Erlöser)

S. 114:	xenos	ξένος (fremd, ausländisch, fremdartig, substantivisch: der/die Fremde, Fremdling, Söldner, Gastfreund/Gastfreundin; auch: das fremde Land)
S. 114:	bárbaros	βάρβαρος (unverständlich sprechend/fremdsprachig, ungebildet; substantivisch: der/die Ausländer/-in)
S. 114:	allótrios	ἀλλότριος (einem anderen gehörend, fremd, ausländisch, substantivisch: der/die Fremde
S. 120:	physei/physis	φύσει (von Natur aus) von φύσις (Natur; Naturanlage/natürliche Eigenschaft)
S. 134:	politeuma	πολίτευμα (Gemeinwesen, Bürgertum, Heimat)

ANGELIKA WALSER, geb. 1968, Professorin für Moraltheologie und Spirituelle Theologie an der Universität Salzburg. Die Autorin forscht zu Bioethik, Beziehungsethik, Feministischer Theologie/Philosophie, Gender Studies, Dialog zwischen Theologie und Literatur.

MOUHANAD KHORCHIDE, geb. 1971, Professor für Islamische Religionspädagogik und Leiter des Zentrums für Islamische Theologie an der Westfälischen Wilhelms-Universität Münster. Der Autor zahlreicher Bücher leitet in Österreich den wissenschaftlichen Beirat der Dokumentationsstelle Politischer Islam.

Die Koranstellen wurden von Mouhanad Khorchide übersetzt, in Anlehnung an die Übersetzung von Hartmut Bobzin: Der Koran, München 2016.

Salzburger Nachrichten

Mitglied der Verlagsgruppe „engagement"

Umschlaggestaltung: stadthaus 38, Innsbruck
Layout und digitale Gestaltung: Studio HM, Hall in Tirol
Druck und Bindung: FINIDR, Tschechien
ISBN 978-3-7022-4022-6 (gedrucktes Buch)
ISBN 978-3-7022-4023-3 (E-Book)
E-Mail: buchverlag@tyrolia.at
Internet: www.tyrolia-verlag.at